세이가 들려주는
생산·분배·소비 이야기

세이가 들려주는
생산·분배·소비 이야기

글 천규승 · 그림 박용석

02
경제학자가 들려주는
경제 이야기

|주|자음과모음

경제 환경이 빠르게 변화하고 있습니다. 역사학자들은 이처럼 혁명적으로 경제 환경이 변화한 시기가 인류 역사를 통틀어 세 번 정도에 불과하다고 말합니다.

수천 년 넘게 수렵 활동을 하며 여기 저기 떠돌던 사람들이 농사 짓는 방법을 개발하여 한 군데 정착하여 부락을 이루고 살게 된 농업 혁명이 그 첫 번째이고, 과학 기술의 발전을 기반으로 산업 혁명을 이루어 공장제 대량 생산 체제를 구축하게 된 것이 그 두 번째이며, 컴퓨터와 인터넷의 발명으로 고도의 정보화 혁명을 이루게 된 것이 그 세 번째라는 것입니다.

이 세 차례의 변화 시기마다 생산성이 획기적으로 증대되면서 사람들의 살림살이도 풍족하고 여유로워졌습니다. 그러나 그에 못지 않게 자연 환경이 훼손되고, 인간관계가 각박해지는 등 많은 부작용도 발생했습니다.

산업 혁명 이전에는 농업이 경제의 중심이었고, 지주 계층이 생산의 지배자였습니다. 생산의 결과물은 당연히 지주의 소유였지요. 그러나 산업 혁명으로 자본가가 등장하고 노동자의 역할이 중요해지면서 새로운 생산 조직으로 기업이 등장하고, 치안과 방범에 국한되던 정부의 역할도 생산과 소비에 직접 참여하는 경제 주체로서의 역할로 바뀌게 됩니다. 이와 더불어 생산으로 창출된 결과물을 누가 가져갈 것이냐 하는 문제가 심각한 사회 문제로 등장하게 되었습니다.

경제학은 이러한 사회 문제를 해결하기 위해 태동되고 발전한 사회 과학입니다. 경제 문제는 왜 발생하며, 사람들은 왜 선택을 할 수밖에 없는지, 어떤 선택을 하는 것이 사회적 비용을 가장 작게 줄여 줄 것이며, 생산과 소비는 어떤 과정을 거쳐 연결이 되며 서로에게 어떤 영향을 미칠지, 가치란 무엇이며 또한 어떻게 측정할 것인지, 가격은 어떻게 형성되며 변화되는지, 누가 생산 방식과 생산량을 결정할 것인지 하는 문제를 해결하기 위해 고민한 흔적이 바로 경제학입니다.

경제 환경이 변화하면 경제 이론도 변화합니다. 정치 사회의 변화에 따라 각 경제 주체의 경제에 영향을 미치는 세력 관계가 수시로 변하고, 생산과 소비의 대상과 방법이 끊임없이 변화하기 때문입니다.

세이는 경제학 태동기의 경제학자입니다. 이 시기에는 농업 생산에 더하여 다양한 제조업 생산 방식이 등장하고 획기적인 경제 성장으로 소득 수준이 폭발적으로 늘어나면서, 물건을 만들어 내기만 하면 팔렸습니다.

세이는 이러한 현상을 분석하여 '공급이 스스로 수요를 창출한다.'는 판로설(販路說 : 세이의 법칙)을 주창했습니다. 우리 옛 속담에 견물생심(見物生心)이라는 말이 있습니다만, 세이는 '물건을 보면 사고 싶은 생각이 들게 된다는 생각'을 이론으로 정립한 것입니다. 세이는 만들어 낸 물건은 결국 모두 다 팔리게 되어 있으므로 생산 과잉은 일어나지 않는다고 생각했습니다.

그리고 물건이 팔리는 이유는 쓸모가 있기 때문인데, 그 물건의 쓸모는 그 물건을 생산하는 사람들의 노력으로 만들어진다고 생각했습니다. 이렇게 사물의 효용이 그 사물의 가치를 결정한다는 가치효용설과 노동, 자본, 토지의 생산 3요소설을 정리하면서 자본의 신성을 선포하고, 생산과 분배, 소비 이론의 토대를 마련하였습니다.

공급이 중요하다고 생각한 세이의 이론은 산업 혁명으로 구미 각국이 선진국이 되고, 대량 생산으로 시민 생활이 풍요로워진 20세기 초반까지 경제학의 주류를 형성했습니다. 그러나 과잉 생산으로 전세계적으로 대공황이 일어나면서 세이의 법칙으로는 더 이상 경제 문제를 해결할 수 없게 되면서 수요가 중요하다는 새로운 이론(케인즈의 유효 수요 이론)이 주류 경제학을 대체하게 됩니다.

그러나 여전히 세이의 이론은 우리 생활의 곳곳에서 발생하는 경제 문제를 해결하는 데 기본적인 역할을 합니다. 이는 결국 새로운 물건이 끊임없이 만들어지고 그 물건들이 우리의 욕구를 자극하기 때문입니다.

　자, 그럼 지금부터 복잡하기 짝이 없는 우리들의 경제생활이 어떻게 이루어지는지 세이와 함께 여행을 떠나보기로 할까요?

　　　　　　　　　　　　　　　　　　　　　　　천규승

경제적으로 가치가 있는 어떤 것을 새로 만들거나 원래의 가치를 증대시키는 모든 행위를 생산 활동이라고 한다. 이러한 생산 활동을 위해서는 노동, 토지(자연 자원), 자본 등과 같이 생산에 필요한 요소들이 투입된다.

사람들은 생산 활동에 참여한 대가로 임금, 이자, 지대 등의 소득을 얻게 된다. 이렇게 생산에 참여하여 그 결과를 나누는 행위를 분배 활동이라고 한다.

중학교	사회	경제생활과 선택
고등학교	통합사회	시장 경제와 금융
	경제	경제 생활과 경제 문제 시장과 경제 활동

일상생활에서의 만족감을 높이기 위해 재화나 용역을 사용하는 행위를 소비 활동이라고 한다. 가계의 소득 수준 범위 내에서 가능한 한 더 큰 만족을 얻고자 하는 가계 구성원들의 합리적 소비 행위는 존중되어야 한다.

	세계사	장 바티스트 세이	한국사
1767		프랑스 리옹 출생	
1773	영국, 노스 규제법 통과, 인도 식민지 지배		
1776	미국의 독립 선언		정조, 규장각 설치
1783	미국의 독립		
1789	프랑스 혁명		
1791			신해박해(크리스트교 탄압)
1794			문체 반정
1799	나폴레옹 집권	나폴레옹의 통령 정부에 참여	
1801			신유박해
1803		『정치 경제학 개론』 출간	
1811			홍경래의 난
1816	유럽, 빈 회의 개최		
1817		『경제학 문답』 출간, 프랑스 종합 예술학교 교수	
1818			정약용, 『목민심서』 저술
1828		『실천경제학 통론』 출간	
1831		파리 대학 교수	
1832		뇌졸중으로 사망	

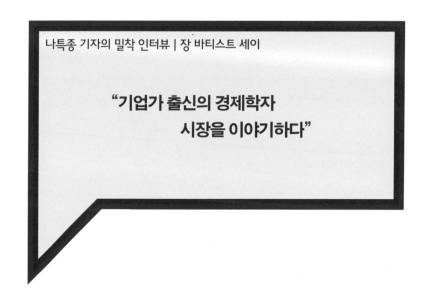

"기업가 출신의 경제학자 시장을 이야기하다"

안녕하세요? 오늘은 여러분에게 세이 선생님이 경제학의 기초에 관한 이야기를 들려주실 텐데요.

자, 그럼 선생님과 인터뷰를 나누도록 하겠습니다.

선생님, 안녕하세요. 자기소개를 부탁드립니다.

네, 반갑습니다. 나는 여러분에게 경제학의 기초, 즉 기회비용과 희소성, 그리고 생산, 분배, 소비에 관한 이야기를 들려줄 세이라고 합니다.

그럼, 본격적으로 질문을 드리겠습니다. 선생님께서 사셨던 시절은 어느 시기였나요?

네. 제가 살던 시기는 18세기 프랑스였습니다. 여러분이 살고 있는 21세기도 변화가 무척 심하지만, 내가 태어나서 자란 18세기의 프랑스도 엄청난 변화가 이루어지던 시기였습니다. 문화적으로는 르네상스기를 지나 고전주의와 낭만주의가 발전하면서 사람들의 예술 감각과 창의력이 모든 제도와 관습에 영향을 주었어요.

종교적으로는 프로테스탄트 종교 개혁이 뿌리를 내리면서 자유·평등·박애의 윤리적 기준이 시민 사회의 토양을 이루었지요. 또한 경제적으로는 산업 혁명의 성공으로 자본주의 시장 경제가 새로운 사회 질서를 만들었습니다.

아, 그렇군요. 당시의 역사적 배경을 좀 더 자세히 들려주실 수 있으세요?

내가 태어나기 170여 년 전인 1598년, 로마 가톨릭 교회와 갈등을 빚던 프랑스의 왕 앙리 4세는 낭트 칙령을 발표하여 근대 유럽에서는 처음으로 개인에게 종교의 자유를 인정했습니다. 공직 취임 등에서 차별받던 개신교 신자들에게 로마 가톨릭 교도와 동등한 권리를 준 것이지요.

이 칙령으로 프랑스의 종교 전쟁인 위그노 전쟁이 막을 내리고 그 결과 작은 나라들로 분리되어 있던 프랑스가 통일을 이루어 내어 17세기 유럽에서 대국이 되는 계기를 만들었습니다.

그런데 1백여 년 뒤인 1685년, 부르봉 왕조의 대표적인 전제 군주이자 태양왕이라 불리던 루이 14세가 다시 로마 교회와의 관계를 회

복하면서 낭트 칙령을 폐지하고 퐁텐블로 칙령으로 개신교 신도들을 심하게 핍박했지요. 개신교 신도들은 어쩔 수 없이 종교의 자유를 찾아 프랑스를 떠나게 되었어요. 장 칼뱅의 '직업 소명설(職業召命說)'에 근거해 열심히 일을 해서 프랑스 산업의 핵심을 담당하고 있던 이들의 국외 이탈은 국가 재정의 고갈을 부르게 되었고, 프랑스 경제 전체가 큰 타격을 받게 되었지요. 이는 결국 프랑스 시민 혁명을 일으킨 중요한 원인이 되었습니다.

직업 소명설
종교 개혁가인 장 칼뱅(Jean Calvin, 1509~1564)이 주장한 직업윤리입니다. 소명이란, 어떤 특정한 목적을 위해 부름을 받는 것을 뜻하는데요. 직업 소명설은 '신으로부터 자기 몫의 일을 하도록 부름을 받는다.'는 내용을 핵심으로 하고 있습니다.

선생님의 어린 시절에 대해 말씀해주시겠습니까?

아버지가 독실한 개신교 신자였기 때문에 우리 가족은 퐁텐블로 칙령을 이유로 파리를 떠나 개신교 활동이 어느 정도 허용됐던 프랑스 남동부의 리옹으로 이주했고, 바로 그곳에서 태어났습니다. 청소년기에는 영국 런던 남부의 도시인 크로이돈의 한 상인의 집에서 머물면서 사업가로서 경력을 쌓게 되었지요. 내가 여러분만 하던 열두 살 때의 일입니다. 직물 사업을 하던 아버지의 뒤를 이어 사업가가 되는 것이 당연시 되었습니다.

그런 선생님께서 경제학을 연구하시게 된 결정적인 계기는 무엇이었나요?

18세기 말은 아직 경제학의 체계가 제대로 잡혀 있지 않았던 시기였답니다. 나는 사람들이 경제 활동을 하면서 무엇에 만족을 느끼는지 궁금했습니다. 그리고 그러한 경제적 만족도에 영향을 미치는 것들은 어떤 것인지를 놓고도 고민을 많이 했지요. 스물한 살 때 애덤 스미스(Adam Smith)가 쓴 『국부론』을 읽고 크게 감명을 받아 경제학을 연구하기로 결심했지요. 나는 스미스보다 46년 늦게 태어나 그를 직접 만나지는 못했지만 책을 통해 스스로 그의 제자가 되었습니다.

선생님의 젊은 시절 활동이 궁금한데요?

젊은 시절에는 사회 문제에 관심이 많아 언론의 자유에 관한 글을 쓴 적도 있습니다. 그 글은 내가 대중적으로 쓴 최초의 글이기도 합니다. 1789년 발생한 프랑스 대혁명이 당시 스물두 살의 청년이었던 나를 자극시켰던 것입니다. 이후 프랑스로 돌아와 시민 군대에서 활동했습니다. 그리고 당시의 대표적인 정치가이자 사상가이던 오노레 미라보(Honoré Gabriel Riquetti Comte de Mirabeau)가 만든 신문에 참여했고, 1793년에는 프랑스 정부의 재정 장관인 클라비에(Etienne Claviere)가 운영하던 생명 보험 회사에서 일을 하기도 했습니다.

클라비에는 애덤 스미스와 더불어 내가 경제학을 연구하는 데 큰 영향을 준 사람입니다. 프랑스 혁명으로 인해 정치가 안정되어 있던 1794년부터 1799년까지, 6년간은 '철학·학문·정치의 시대'라는 자유주의자 클럽이 발행하는 철학 잡지의 편집장을 지냈어요. 그곳에서 애덤 스미스의 이론을 연구하게 되었지요.

나폴레옹의 정부에서도 일하셨다고 들었는데요?

네, 1799년 나폴레옹의 통령 정부에서 법제 위원으로 활동했지만 독재 정치에 실망한 나머지 정부를 떠나 아버지의 사업을 이어받아서 면사 방적 공장을 운영했습니다. 이때는 영국의 최신 기술을 적용한 섬유 사업이 큰돈을 안겨 줄 무렵이었지요. 그리고 여가 시간에는 경제학 논문 저술에 전념했습니다.

애덤 스미스의 경제 이론을 해석하여 평론가로서의 명성을 쌓아 온 1803년에 대표 저작인 『정치 경제학 개론』을 출간했습니다. 미국 제4대 대통령인 제임스 매디슨(James Madison)은 이 책을 '사상 최고의 경제학 연구 결과'라고 극찬했지만 프랑스에서는 금서가 되었습니다. 경제 현실을 신랄하게 비판했다는 이유에서였지요. 1814년에는 『정치 경제학 개론』의 재판을 발행하여 나의 제자라 자칭해 온 러시아 황제 알렉산드르 1세(Aleksandr I)에게 헌정하기도 했습니다.

러시아 황제의 스승이라니……. 정말 대단하셨군요. 그 이후에는 어떻게 지내셨나요?

그 후 아테네 대학을 거쳐 1817년부터 1830년까지는 프랑스 종합예술학교에서 산업 경제 분야를 가르쳤고, 예순네 살이 되던 1831년부터는 파리 대학 최초의 정치 경제학 교수가 되었지만 그 다음 해 뇌졸중으로 남은 여생을 마감하게 되었지요.

내 후손들도 경제 전문가의 길을 걸었는데요. 프랑스와 독일 프로이센의 전쟁인 '보불 전쟁(1870~1871)'에서 패배한 후 막대한 배

상금에 허덕이던 프랑스를 재정 위기에서 구해낸 명 재무장관 레온 (Jean Baptiste Léon Say)이 바로 나의 친손자랍니다.

선생님은 수요와 공급의 흐름으로 소득의 분배 관계를 처음으로 체계화 해 놓으신 것으로 잘 알려져 있습니다. 선생님께서 이러한 이론을 구상하던 당시의 경제 상황은 어땠습니까?

산업 혁명이 일어나기 전 유럽은 사람들이 필요로 하는 물건들을 충분히 생산하지 못했고, 또 설령 생산했다 하더라도 사람들에게는 그 물건을 살 돈이 없는 상황이 오랫동안 지속되었습니다. 그러나 산업 혁명으로 경제 상황이 달라졌습니다. 공장에서 대량으로 상품이 쏟아져 나오게 되었고, 그 판매 대금이 노동자나 지주, 자본가에게 분배되면서 새로운 수요가 창출되자 상품이 만들어지는 족족 시장에서 팔려 나가게 되었지요. 억제되었던 사람들의 소비 욕구가 폭발적으로 분출하게 되었고, 기업은 점점 더 대량 생산에 박차를 가하게 되었습니다. 공급이 스스로 수요를 창출한다는 나의 판로설은 현실로 입증되었고, 근대 경제학의 기본 이론으로 인정받게 되었습니다.

당시 상황과 잘 맞아떨어지는 이론이었군요. 선생님과 같은 생각을 가진 고전파 경제학자에는 어떤 사람들이 있나요?

애덤 스미스로부터 시작된 고전학파 경제학자는 나를 비롯해서 고전학파의 완성자로 불리는 데이비드 리카도(David Ricardo), 영국의 인구 통계학자 토마스 맬더스(Thomas Robert Malthus), 공리주의 철학자로 『자유론』을 지은 존 스튜어트 밀(John Stuart Mill) 등이 있습니다. 우리는 시장이 자유롭게 운용되도록 정부가 간섭을 하지 않고 놓아두는 것이 경제 발전에 도움이 된다고 생각하여 자유방임 시장에 대한 믿음으로 경제학을 체계화한 사람들입니다.

하지만 공급이 수요를 창출한다는 판로설은 1930년대의 세계 대공황으로 인해 무너지게 되는데요. 여기에 대해서는 어떻게 생각하시는지요?

나의 판로설은 공급이 수요에 못 미치던 산업 혁명 초기의 경제 현상을 설명한 이론이기 때문에 경제 구조적으로 공급이 수요를 초과하게 된 상황을 설명하기에는 적절하지 않았습니다. 경제 이론이란 시간과 공간을 초월하는 절대적인 원칙이 아니고 그 상황에서 발생하는 경제적 문제들을 합리적으로 해결하는데 필요한 상대적인 수단이기 때문에 경제적 상황이 변화하면 그러한 변화의 방향에 따라서 경제 이론도 신축적으로 바뀌는 것이지요.

물이 끓기 전에는 아무도 그 물이 끓어오른다는 것을 모르다가 한번 끓고 난 이후에야 물이 끓었다는 것을 알게 되는 것처럼 공황이 촉발되기 전까지는 아무도 대량 실업과 산업 붕괴 위험이라는 공황의 무서움을 몰랐습니다. 대공황의 어려움이 닥치자 영국의 경제학자 케인즈(John Maynard Keynes)가 공급이 수요를 창조한다는 판로설과는 정반대의 논리로 공급 과잉 문제를 해결했습니다. 사람들이 재화나 서비스를 사서 쓰려는 태도, 즉 총수요의 크기가 총공급을 결정한다는 '유효 수요의 원리'를 내세운 것이지요.

　그렇지만 아직도 선생님의 판로설은 일반적인 경제 현상을 설명하는 이론으로는 대단한 위력을 지니고 있는데요. 판로설은 미국의 1980년대 호경기를 주도한 공급 주도의 경제학, 즉 레이거노믹스의 이론적 원천이 되기도 했지 않습니까?

　그렇습니다. 레이거노믹스란 1981년 미국의 레이건 정부가 실시한 경제 회생 정책입니다. 판로설에서 비롯된 공급 주도 경제학을 이론적 근거로 한 것이었습니다. 경제를 살리기 위해서는 단기적인 정책적 대응보다는 근본적인 경제의 활력이 필요하다는 생각이 구체화된 것이지요.

　기업 활동이 위축된 채 섣불리 유효 수요를 살리려 하기보다는 기업 활동이 왜 위축되어 있는지 그 문제점을 해소해 줌으로써 기업이 활발한 생산 활동을 하도록 유도함으로써 공급을 활성화하여 경제를 살리자는 것이었습니다. 정부 지출 억제, 투자 촉진을 위한 대규모 감세, 규제 완화, 인플레 억제형 금융정책 등이 골자를 이루는데, 미국은 이러한 민간 투자 촉진 정책으로 경제를 활성화시키는데 성공하였습니다. 결국은 공급이 수요를 창출하도록 만든 것이지요.

　선생님께서는 '판로설' 이외에도 '생산의 3요소론'을 확립하셨는데요, 생산에는 세 가지 요소가 필요하다는 것인가요?

예, 그렇습니다. 경제 활동은 생산과 소비로 이루어지는데, 생산이란 새로운 가치를 만들어 내는 활동입니다.

떡볶이를 예로 들어 볼까요? 떡볶이를 만들기 위해서는 우선 만드는 사람이 있어야 합니다. 그리고 만들 수 있는 장소와 가스레인지, 주방 기구 등의 설비가 필요하지요. 떡, 채소, 고추장 등 원료도 있어야 합니다. 이렇듯 사람이 장소와 설비를 이용하여 떡볶이 원료를 떡볶이로 만드는 과정을 생산이라고 하는데, 생산의 결과로 떡볶이라는 새로운 가치가 만들어지게 됩니다.

만드는 사람과 만드는 장소 그리고 설비가 없으면 떡볶이 원료가 지니고 있는 고유의 가치를 떡볶이라는 새로운 가치로 바꿀 수가 없습니다. 생산이 이루어질 수 없는 것이지요. 그렇기에 생산을 하기 위해서 없어서는 안 될 요소라는 의미에서 만드는 사람(노동)과 만들 장소(토지), 그리고 설비(자본)를 생산의 3요소라고 하는 것입니다.

노동, 자연, 자본 세 가지 요소를 모두 중요시하신 것이군요. 그런데 분배론이란 어떤 것인가요?

생산 활동으로 새로운 가치를 만들게 되면 그 물건은 누군가가 사서 쓰게 됩니다. 이때 물건을 만들어 파는 사람은 물건을 만드는 데 들어간 원가에 얼마간이라도 이윤을 남기게 됩니다. 이렇게 남긴 돈은 생산에 기여한 사람들이 나누어 갖게 됩니다.

노동을 제공한 사람은 임금을, 장소(토지)를 제공한 사람은 지대를, 그리고 설비(자본)를 제공한 사람은 이윤과 이자를 가져가게 되는 것이지요. 이 모두가 동등한 경제 활동의 결과라고 생각했습니다.

특별히 나는 기업가의 존재가 중요하다는 점을 강조했습니다. 자본의 신성함을 주장한 것이지요. '기업가(Entrepreneur)'라는 용어를 처음 사용한 사람도 바로 저랍니다. 자본, 즉 축적된 생산물은 기업가가 절약을 한 결과입니다. 만약 기업가가 버는 대로 돈을 다 써 버린다면 자본은 형성될 수 없겠지요. 즉 자본은 기업가가 근검절약하며 희생한 대가라고 여긴 것입니다.

선생님이 기업가의 중요성을 강조하던 시기에 프랑스에서는 자본주의 발전을 위한 여러 가지 환경이 조성되고 있지 않았습니까?

맞습니다. 그중 하나가 바로 주식회사입니다. 프랑스에서 주식회사의 설립을 가능하게 한 사람은 나폴레옹이었지요. 나폴레옹은 유럽을 정복하고 제국을 건설하면서 근대 국가의 발전을 위해서는 생산의 증대가 필수적이고, 생산 증대를 이루기 위해서는 생산 활동을 주도하는 경제적 조직으로서의 기업이 중요하다는 점을 절감하여, 1807년 상법을 통해 합명 회사, 합자 회사, 유한 책임 회사와 같은 기업의 형태를 규정했는데, 유한 책임 회사가 바로 주식회사의 전형이 된 것입니다.

당시는 기업이 처음 생겨나던 때였고, 나는 젊은이들에게 도전 정신으로 자본을 형성하는 것이야말로 경제 발전을 돕는 일이라고 설파하고 다녔답니다. '기업가(앙트레프레너)'라는 용어는 그때 만들어 낸 말이었습니다. 그래서 요즈음도 도전 정신을 일컫는 '기업가 정신'이라는 용어가 여기저기서 언급되는 걸 보면 가슴이 뭉클해진답니다.

네, 지금까지 선생님의 말씀 잘 들었습니다. 그럼 이어지는 다음 강의에서 생산, 분배, 소비가 어떻게 이루어지는지 자세히 알아보도록 하겠습니다.

효용을 알면 경제가 보인다

이번 강의에서는 경제적 만족과 효용이
란 어떤 것인지에 대해 알아보고 희소성
과 기회비용에 대해서도 알아봅시다.

수능과 유명 대학교의 논술 연계

2010년도 수능 (경제) 3번

2007년도 수능 (경제) 2번

2006년도 수능 (경제) 1번

서강대 2010학년도 수시 2차 일반전형 논술 [문제1]

살다 보면 하고 싶은 일은 많은데 돈이 부족해서 갈등을 겪는 경우가 종종 있습니다. 어떤 일을 먼저 해야 같은 돈으로 더 큰 만족을 얻을 수 있는지를 고민하지요. 혹시 우리 친구들도 가지고 있는 돈이 부족해 맛있는 간식을 사 먹을까, 마을버스를 타고 집에 편하게 갈까 망설인 적은 없나요? 경제학 태동기의 학자들도 그런 고민들을 했답니다. 사람들은 항상 많은 것을 원하지만, 갖고 있는 자원은 늘 부족한데 그 부족하기만 한 자원으로 어떤 일을 할 때 비로소 가장 큰 만족을 얻을 것인가? 그러한 경제적 갈등을 해결하기 위한 과정을 정리한 것이 바로 경제학이랍니다.

자, 그럼 우리도 우리 발등에 떨어진 경제적 갈등을 해결하기 위해서는 어떻게 하는 것이 가장 합리적인지 한번 알아볼까요?

19세기 초반은 영국에서 시작된 산업 혁명이 유럽 전역으로 확산

되던 시기입니다. 기계를 이용한 상품의 대량 생산으로 인하여 경제 생활에 획기적인 변화가 일어났던 시기이죠. 소득 수준도 크게 늘어났습니다. 경제학자들이 혁명이라고 부를 정도로 소득이 급격하게 늘어난 일은 역사적으로 세 차례에 불과하답니다.

수렵 생활을 하던 사람들이 농사짓는 법을 발견한 이래 이루어진 농업 혁명, 기계제 대량 생산에 의한 산업 혁명, 그리고 컴퓨터와 인터넷에 의한 최근의 지식 정보 혁명이 바로 그것입니다.

산업 혁명으로 봉건 지주들이 중심이 되었던 농업 중심의 경제가 자본가와 노동자가 중심이 되는 공업 중심의 경제로 바뀌면서 유럽 사회에는 어떻게 하면 생산을 더 늘릴 수 있는가, 늘어난 생산으로 벌게 된 돈은 누구에게 어떻게 나눌 것인가 하는 문제가 초미의 관심사로 등장하게 됩니다.

우선은 사람들이 경제 활동을 통해 무엇을, 얼마나 만족하는지에 관한 이론을 정립하는 것이 필요했지요. 시시각각으로 발생하는 경제적 갈등을 합리적으로 해결하기 위해서였습니다.

효용이란 무엇인가?

경제학이란 사람들이 살아가면서 겪게 되는 경제적 갈등을 어떻게 해결하는 것이 합리적인지를 과학적으로 설명하려는 학문입니다. 처음에는 정치 경제학이라는 이름으로 시작되었는데, 당시에는 경제가 왕의 정치적 업적에 의해 크게 좌우되었기 때문입니다. 그러나 자본가와 노동자의 발언권이 강화되고 자유주의 철학이 발전하면서 정치와 분리된 경제 본연의 특수성에 관한 과학적 연구가 필요해졌습니다. 즉 경제가 어떤 원리로 작동되는지, 경제의 기초를 이루는 부(富)의 가치는 어떻게 형성되는 것인지에 관한 이론이 정리되기 시작한 것이지요. 동시에 그렇게 형성된 부가 누구에게 어떻게 나누어져, 얼마만큼의 만족을 주는지에 관한 연구도 함께 이루어졌습니다.

자, 그럼 효용이란 무엇인지 구체적인 사례를 들어 보겠습니다.

겨울은 춥고, 여름은 덥기 마련이지요. 추운 겨울에는 털실로 짠 목도리가 한몫을 톡톡히 합니다. 목도리를 두르고 외투를 걸쳐 입고 나가면 웬만한 추위쯤은 끄떡없습니다. 그러나 여름이 다가와 날씨가 더워지면 이야기는 달라집니다. 목도리나 외투는 보기만 해도 땀이 납니다. 이렇듯 상황에 따라 같은 물건이라도 우리에게 주는 만족도가 완전히 달라집니다. 만족도는 사람과 상황에 따라 그 크기가 달라지는 것이지요. 겨울에는 목도리나 방한복의 만족도가 높아지고, 여름에는 팥빙수나 에어컨의 만족도가 높아지지요.

효용을 좀 더 쉽게 설명해 볼까요? 꼼치라는 생선이 있습니다. 꼼치는 흔히들 물메기라고도 부르는데, 비늘이 없고 몸이 점액질로 뒤덮여 있으며 생김새가 흉하답니다. 예전에는 다른 물고기와 같이 잡

혀 올라오면 다시 바다에 내던졌다고 합니다. 혐오스럽게 생긴 것도 그 이유였지만 다루기도 불편한 까닭에 생선으로 취급도 하지 않았던 것이지요. 어느 날 다른 생선은 잡지 못하고 못생긴 꼼치만 잔뜩 건져 올린 강원도의 한 어부가 식사 반찬이 마땅치 않자 매운탕에 꼼치를 넣어 끓여 봤답니다. 그랬더니 의외로 먹을 만했다고 해요. 그 후로 강원도에서는 물메기탕(꼼치국)을 먹기 시작했답니다. 꼼치의 쓸모가 비로소 발견된 것이지요.

이것을 보면 하나의 동일한 물건도 사람들 각자의 지식과 상황에 따라 쓸모가 달라지는 것을 알 수 있습니다. 나는 그러한 사물의 쓰임새를 서로 비교할 수 있도록 효용이라는 개념을 만들어 냈습니다.

서양에서나 동양에서나 예로부터 효용의 중요성을 강조하기는 마찬가지였습니다. 조선 중종 대의 문신이자 학자인 성현(成俔)이 역사적으로 전승되어 왔던 속담들을 정리한 『용재총화(慵齋叢話)』라는 책에는 "세상에 쓸모없는 것은 배부른 돌담, 수다스러운 아이, 손큰 아낙네."라는 속담이 있습니다.

돌담의 배가 부르다는 것은 돌담 중간 부분이 밀려나와 무너지기 쉬운 모양을 말합니다. 그렇게 되면 아무리 단단하게 쌓아 올렸던 돌담이라도 위험하기 때문에 무너뜨리고 다시 쌓을 수밖에 없게 됩니다. 그래서 쓸모없는 일의 대표적인 사례로 삼은 것이지요.

요즘은 집집마다 자녀들이 하나 둘뿐이어서 귀하기도 하려니와, 아이들이 자라는 과정에서 자기 의견을 정확하게 표현하고 모르는 것을 물어보는 것을 두고, 호기심이 많고 창의력이 있다고 더러 칭

찬하기도 합니다만, 예전에는 집은 좁은 데 자녀 수도 많고 번거로워 아이들이 떠드는 것을 못마땅하게 여겼던 모양입니다. 또한 다같이 못 먹고 못 살던 시절이었기에 남에게 살림살이를 퍼 주는 손 큰 아낙네 역시 쓸모없다고 여겼겠지요.

보기에는 그럴듯한데 막상 쓸모없는 것들도 있습니다. 살 없는 활이나 미끼 없는 낚시, 성을 쌓고 남은 돌이 바로 그것입니다. 여름에 털모자나 화로, 겨울에 부채 따위는 제철을 못 만나 쓸모없게 여겨지는 물건들입니다.

우리 속담에도 효용과 관련된 것이 많습니다. 남의 집에 있는 금송아지, 그림의 떡, 이 빠진 사발, 도둑 못 지키는 개, 쥐 안 잡는 고양이, 깨어진 시루, 구부러진 송곳, 자루 빠진 도끼 등이 바로 그것입니다. 쓸모를 잘 따져서 행동하라는 선조들의 교훈이겠지요. 여러분, 이 쓸모를 서로 비교할 때 효용이라는 개념은 아주 유용하게 쓰입니다.

얼마나 만족하십니까?

초기 경제학자들은 효용을 무게로 달듯이 객관적으로 측정할 수 있다고 믿었답니다. 말하자면 덥거나 추운 느낌을 온도라는 객관적 지표로 측정할 수 있듯이 소비 생활로부터 얻을 수 있는 재화나 서비스의 만족도 역시 객관적인 지표를 통해 측정할 수 있다고 믿은 것이지요. 이는 근대 경제학의 창시자로 알려져 있는 영국의 제번스(William Stanley Jevons)나 신고전학파 경제학의 토대를 닦은 마셜(Alfred Marshall), 오스트리아의 멩거(Carl Menger)와 같은 경제학 초기 이론가들의 생각입니다.

초기의 경제학자들은 같은 소비 생활을 하는 다른 사람의 만족도라든지, 같은 사람이 서로 다른 소비 생활을 하면서 느끼는 만족도의 크기를 객관적으로 측정할 수 있다고 여긴 것이지요.

아이스크림을 예로 들어 볼까요? 강호동 아저씨가 아이스크림을 먹을 때는 100만큼 만족하는데, 유재석 아저씨는 50만큼만 만족한다면, 강호동 아저씨에게 있어 아이스크림의 효용은 100이고, 유재석 아저씨는 아이스크림의 효용이 50입니다. 이렇게 되면 아이스크림은 유재석 아저씨보다 강호동 아저씨에게 더 큰 만족을 줄 뿐 아니라, 그 만족의 정도가 객관적으로 두 배가 되는 것입니다. 이와 같이 효용을 객관적으로 측정할 수 있다고 파악한 것을 기수적 효용이라고 합니다.

> **기수적 효용**
> 1, 2, 3 등 양을 나타내는 수로 효용의 크기를 표현한 것입니다.

그러나 경제학이 발전하면서 인간이 느끼는 만족도의 크기를 과연 객관적으로 측정할 수 있는 것인지, 만족도의 객관적 크기가 의미 있는 것인지에 관한 의문이 제기되었습니다. 사람들의 만족이란 너무도 주관적인 것이어서 온도와 같이 그 크기를 객관화하기가 어렵다는 문제가 제기된 것이지요.

온도란 물이 어는 상태를 섭씨 0도로 정하고 물이 끓는 상태를 섭씨 100도로 정하여 그 사이의 덥고 추운 정도를 백분율로 구분하여 놓은 것이지요. 객관적인 측정이 가능한 것입니다. 그런데 아이스크림을 먹고 느끼는 만족도는 사람들의 기호, 계절, 갈증 정도 등에 따라 각각 달라지는 것이므로 기준을 따로 정할 수 없고, 따라서 온도를 재듯이 객관적으로 정확하게 측정할 수 없습니다. 경제적 만족도를 숫자로 표시할 수가 없는 것이지요. 그 결과 경제적 만족도를 측정하기 위해서 서수적 효용의 개념이 등장하게 됩니다.

서수적 효용
순서를 나타내는 수로 효용의 높고 낮음을 표현하는 것입니다.

서수적 효용이란 특정 소비 생활의 만족도를 객관적으로 측정하는 것은 의미가 없고, 서로 다른 소비 생활에서 얻을 수 있는 만족도의 크기를 상대적으로 만족스러운 순서대로 파악하면 된다는 이론입니다. 소비 생활의 만족도를 정확히 측정하지 않고도 그 순서를 매김으로써 어떤 소비 생활이 바람직한 것인지 설명할 수 있다는 것이지요.

예를 들자면 아이스크림과 설탕물, 맹물을 놓고 만족도가 높은 순서를 매기는 것이지요. 그렇게 되면 온도를 재듯이 객관적인 수치로서의 만족도를 재 볼 필요도 없이, 어떤 것이 만족도가 더 높은 것인지 알 수 있잖아요?

경제적 만족을 파악하기 위해서 효용을 객관적 수치로서 나타낼 필요가 있는지, 아니면 그 크기를 비교하는 것으로 충분한지에 관한 논쟁은 지금까지도 계속되고 있습니다. 경제학이 발전하면서 경제적 만족의 크기를 객관적 수치로 측정할 필요가 있다는 기수적 효용의 개념은 합리적 선택 이론(rational choice theory), 상대적 순위로 파악하면 된다는 서수적 효용 개념은 **소비자 이론**(consumer theory)을 통해 발전해 오고 있습니다.

희소성과 기회비용

지금까지 경제적 만족을 크기로 표현한 효용에 대해 살펴보았습니다. 그렇다면 사람들의 경제 활동에서 효용은 실제로 어떤 역할을 하는 것일까요?

내가 활동하던 18세기만 하더라도 물자가 아주 귀했습니다. 전기가 없었기 때문에 밤이면 촛불이나 호롱불을 밝혀야 했고, 자동차는 물론 전자 제품들도 당연히 세상에 나오기 전이었지요.

지금 여러분이 살고 있는 21세기는 그 당시에는 꿈도 꾸지 못했던 일들이 현실로 이루어진 세상이랍니다. 그렇다고 해서 원하는 일을 모두 다 이룰 수 있게 되었을까요? 잘 살게 될수록 사람들의 욕구 또한 높아지게 마련인데, 그런 일을 모두 해낼 만큼의 자원이 충분하지 않기 때문이지요. 우선은 돈이 없고, 다음으로는 시간이 부족하고, 돈과 시간이 해결된다고 하더라도 기회가 한정되어 있습니다. 이렇듯 원하는 것은 끝이 없지만 주어진 자원은 상대적으로 부족한 상황을 자원의 **희소성**(稀少性)이라고 부릅니다.

원하는 것이 모두 이루어지는 사회라면 간절한 소망

합리적 선택 이론
소비자들은 모두가 합리적으로 행동한다고 가정한 신고전학파 경제학의 이론입니다. 모든 선택은 비용과 편익을 비교하는 합리적인 과정을 통해 이루어진다는 주장입니다.

소비자 이론
주어진 소득으로 만족을 극대화하고자 하는 소비자의 선택 과정을 분석하려는 이론이에요. 개인의 선택의 결과 나타나는 각종 경제 현상을 분석하기 위한 연구의 기초를 형성합니다.

희소성
사람들의 욕구에 비해 그것을 충족시킬 수 있는 물질이 상대적으로 부족한 경우를 말합니다.

도 없어지게 될 것입니다. 모든 일이 만족스럽게 이루어지니 하는 일에 좋고 나쁨도 없어지고, 어떤 것이 더 가치 있고 덜 가치 있는지도 따질 필요가 없겠지요. 새로운 것을 얻기 위해 손에 쥔 것을 포기할 필요도 없습니다. 그러나 현실은 그렇지 않습니다. 원하는 것을 모두 다 이룰 수도 없고, 모든 것을 다 가질 수도 없습니다.

휴대폰을 예로 들어 볼까요? 20년 전만 하더라도 휴대폰은 지금과 같이 흔하지 않았습니다. 웬만한 자동차 한 대 값과 맞먹을 만큼 비쌌고, 크기도 현재의 휴대폰을 너덧 개 합쳐 놓은 것만큼 커서 쓰기에도 불편했습니다. 20년 전이었다면 사람들은 휴대폰을 처음 보는 희귀한 물건으로 생각했겠지요. 하지만 휴대폰이 어떤 효용을 지니고 있는지 몰랐기 때문에 희소한 것으로 생각하지 않았을 것입니다. 그러나 지금은 그렇지 않습니다. 휴대폰은 작고 값싸고, 남녀노소 모두가 지니고 있을 만큼 흔한 필수품이 되었습니다. 깜빡 잊고 휴대폰을 집에 두고 나오는 날이면 하루 종일 불편하고 불안해서 제대로 일을 못하게 됩니다. 휴대폰의 효용이 많이 생겨났기 때문입니다. 이렇듯 희귀한 것 중에서도 효용이 있는 경우를 희소하다고 합니다.

사람들이 흔히 쓰는 물건들은 대부분 희소하기 때문에, 누군가는 가질 수 있지만 누군가는 갖지 못하고 포기해야 합니다. '마음대로 쓰다간 마음 놓고 쓸 수 없게 됩니다.'라는 공익 캠페인도 그래서 나온 것 아니겠습니까?

이러한 자원의 희소성이 지배하는 세계에서는 잠재적인 수요가 항상 생산 능력을 넘어설 것이기에 사람들의 수요를 충족시키기 위해서는 끊임없이 생산할 필요가 있다고 생각했습니다. 그리고 바로 이런 점 때문에 공급의 제약이 없다면, 생산의 지속적인 성장이 가능하고, 또 수요와 공급은 항상 일치할 것이기 때문에 공급 과잉은 일어나지 않을 것이라고 주장했지요. 이것이 바로 앞에서 말한 바 있는 '세이의 법칙'의 핵심 내용입니다.

3대 기본 경제 문제

사람들은 살아가면서 수많은 경제적인 문제에 부딪치게 됩니다. 그중에서 가장 중요한 문제로는 어떤 것을 이야기할 수 있을까요? 20세기 들어 가장 활발히 연구 활동을 한 경제학자 새뮤얼슨(Paul Anthony Samuelson)은 사람들이 결정을 내려야 하는 경제 문제 가운데 가장 중요한 것 세 가지를 추려서 '3대 기본 경제 문제'라고 정리했습니다. 그것은 바로 무엇을 생산할 것인가, 어떻게 생산할 것인가, 누구에게 분배할 것인가 하는 것입니다.

● 무엇을 생산할 것인가?

자원이 충분하다면 원하는 것을 다 생산할 수 있겠지만, 자원이 희소하기 때문에 무엇을 얼마나 생산할지 결정하는 것은 자원의 적정한 활용을 위해서도 중요합니다.

음식점 주인이라면 주어진 인력과 비용으로 돈가스를 만들어 팔아야 할지, 떡볶이를 만들어 팔아야 할지를 결정해야 하고, 농부라면 밭에다 배추를 심어야 할지, 딸기를 심어야 할지를 결정해야 합니다. 음식점 주인이 인력과 장소, 설비를 필요한 만큼 다 쓸 수 있는 상황이라면 돈가스와 떡볶이를 둘 다 만들어 팔 수 있겠지만, 인력과 장소, 설비에 한계가 있다면 돈가스와 떡볶이 중 하나를 만들어 팔 수밖에 없을 것입니다. 설령 모든 것을 갖추고 있어 돈가스와 떡볶이를 둘 다 만들어 팔 수 있다고 하더라도, 이번에 돈가스는 얼마만큼 만들고, 떡볶이를 얼마만큼 만들어야 할지 결정을 해야 합니다. 자원이 희소하기 때문이지요.

● 어떻게 생산할 것인가?

무엇을 얼마나 생산할 것인지를 결정했다 하더라도 어떤 생산 방식을 이용해서 그것을 생산하느냐에 따라 생산량은 물론 생산 결과물의 질이 달라집니다.

음식점 주인이 돈가스를 만들기로 결정했다 하더라도 미리 다 만들어 놓은 재료를 사서 데워 내기만 할 것인지, 돼지고기를 직접 다듬어서 튀김옷을 입힐 것인지 또는 주방용 프라이팬을 사용할 것인지, 전용 튀김 기계를 사용할 것인지에 따라 돈가스의 맛과 양이 달라지겠지요. 음식점 주인은 돈가스를 만들 때 돼지고기를 구입해서 손질하고 튀김옷을 입힐 때까지 처음부터 끝까지 혼자서 모든 생산 과정을 맡을 수도 있고, 종업원들에게 생산 과정을 나누어 맡길 수도 있겠지요.

한편, 사회 전체의 입장에서는 사람들이 필요로 하는 재화를 생산하려 할 때 그 종류와 생산량을 시장의 수요와 공급 조절 기능에 맡길 것인지, 아니면 누군가의 계획에 맡길 것인지를 결정해야 합니다. 자원이 희소하기 때문에 어떤 방법으로 생산하느냐에 따라 질 높은 재화를 더 많이 생산할 수도 있고 그렇지 않을 수도 있습니다.

● 누구에게 분배할 것인가?

무엇을 얼마만큼 어떤 방법으로 생산할 것인지를 결정한 후 실제로 생산이 이루어지면, 마지막으로 그 생산의 결과를 누가 얼마나 가져갈 것인가 하는 문제를 해결해야 합니다.

떡볶이 가게의 경우를 한 번 생각해 볼까요? 우리는 이미 떡과 채소, 고추장 등의 재료를 써서 떡볶이를 만들어 판다는 것은 새로운 가치를 만들어내는 것이라는 점을 살펴보았습니다.

새로운 가치를 만들어 내는 과정에서 떡볶이 만드는데 참여한 사람들은 판매 가격에서 재료비를 뺀 돈을 남기게 되죠. 그런데 그 남긴 돈은 가게 주인이 모두 가져갈 수는 없습니다. 주방 아주머니를 고용해서 떡볶이를 만들었다면 그 주방 아주머니에게 월급을 줘야하고(임금), 가게를 빌린 경우에는 건물주에게 월세를 내야 합니다(지대). 주방 설비를 설치하기 위한 자금을 은행에서 빌렸다면 이자를 내야 하겠지요. 그리고 그 나머지가 가게 주인의 소득이 됩니다(이윤). 어떤 이의 몫이 늘어나면, 다른 이의 몫은 줄어들기 마련이지요. 가게 주인이 자기 건물에서 본인이 직접 떡볶이를 만들어 팔았다 하더라도 남은 돈 가운데에는 임금에 해당되는 부분, 지대에 해당되는 부분, 이자나 이윤에 해당되는 부분이 섞여 있는 것이지요.

이러한 기본적인 경제 문제는 여러분의 일상생활에서도 흔히 나타납니다. 내일이 시험 보는 날인데 오늘 오후 밖에 공부할 수 있는 시간이 없다면 과연 어떤 과목을 몇 시간씩 공부할 것인지(무엇을 얼마나 생산할 것인가), 친구들과 함께 공부할 것인지, 혼자서 문제를 풀어 볼 것인지, 형이나 누나에게 모르는 것을 물어볼 것인지(어떻게 생산할 것인가), 누구를 위해서 공부할 것인지(따져볼 것도 없이 나를 위해서 공부하는 것인지요)를 결정해야 하지 않겠어요?

여러분이 하는 일들이 이 세 가지 경제 문제와 어떻게 연결이 되는지 한번 곰곰이 따져 보세요.

이제 경제 문제를 슬기롭게 풀어 나가려면 어떻게 해야 하는지 아시겠죠? 그 방법은 치른 값에 비해 더 큰 만족을 얻을 수 있는 선택을 해야 한다는 것이지요. 그러기 위해서는 기회비용(機會費用, opportunity cost)이라는 개념을 따져 봐야 하고요. 기회비용이란 어떤 것을 선택하기 위해 포기해야 하는 많은 것들 중에서 가장 만족도가 큰 것의 가치를 말합니다. 그 기회비용을 효용과 비교해 보는 것입니다. 기회비용을 효용과 서로 비교하기 위해서는 양쪽이 모두 수치로 표시되어야 합니다. 수치로 표시된 효용(效用, utility)을 편익(便益, benefit)이라고

기회비용
어떤 것을 선택함으로써 포기하게 되는 것의 가치를 말해요. 재화의 용도가 여러 가지인 경우 그중에서 가장 큰 용도의 가치, 또는 세 가지 이상의 재화 중 한 가지를 선택하는 경우 포기해야 하는 재화 중에서 제일 큰 만족도를 기대할 수 있는 것의 가치를 기회비용이라고 하지요.

효용과 편익
효용은 만족의 크기를 상대적으로 비교하려는 것이고, 편익은 만족의 크기를 절대적으로 비교하려는 것입니다. 비용과 만족도를 절대적 수치로 비교해서 경제적 선택을 하는 방법을 두고 경제학에서는 비용—편익 분석이라고 합니다.

하지요.

사람에 따라, 때에 따라 기회비용은 다르게 나타납니다. 기회비용이란 사람들이 느끼는 비용이기 때문에 주관적이고 상대적입니다. 편익도 마찬가지로 느끼는 사람에 따라 달라집니다. 경제 문제 해결을 위한 합리적 선택은 이렇듯 상대적으로 발생하는 기회비용과 경제적 편익을 서로 비교할 때 가능합니다.

그런데 막상 사람들의 선택 과정을 되돌아보면 이런 기회비용을 제대로 따져 보지 않는 경우가 자주 발생하더군요. 친구들과 만나 놀이 공원에 가는 경우를 생각해 볼까요?

여러분은 흔히 교통비와 입장권, 간식비처럼 놀이공원에 가서 쓴 돈만 직접적인 비용으로 생각합니다. 그렇지만 잘 생각해 보면 그런 비용 이외에도 사실은 따져 볼 것들이 많습니다. 놀이공원에 가기 위해 포기한 것들의 대가, 즉 해야 할 공부를 하지 못했다면 그 못한 공부를 해서 올릴 수 있었던 성적, 아르바이트를 포기했다면 그 시간 동안의 임금 또는 영화를 보거나 부모님의 일을 도와드리거나 운동을 하거나 하는, 놀이공원에 가느라고 하지 못한 모든 일 중에서 내게 가장 큰 만족을 줄 수 있는 일이 무엇이었나를 생각해야 합니다. 그렇게 곰곰이 따져 보고 나서도 놀이공원에 가는 일이 제일 좋았다면, 실컷 놀고 나서 후회하는 일은 생기지 않겠지요?

어른들이 하는 일 중에도 기회비용을 고려하지 않아 낭패를 보는 경우가 종종 있습니다.

2010년 겨울의 이야기입니다. 매년 겨울이 되면 우리나라 축산 농가의 어디선가는 크던 작던 구제역이 발생했습니다. 그렇게 되니까 정부는 추워지기 시작하면 으레 구제역이 발생하는 것으로 생각했지요. 실제로 구제역 병균은 열에 약해서 소나 돼지가 구제역에 걸리더라도 익혀 먹기만 하면 건강상 아무 문제가 없다고 합니다. 그러나 구제역의 의심이 있는 가축을 살처분(도살을 해서 땅에 묻거나 태워버리는 행위)하지 않으면 수출하는 데는 지장이 생긴다고 하네요. 이른바 축산 청정 국가를 유지해야 하는 것이지요. 그래서 정부는 구제역이 발생하자 의심이 가는 모든 소와 돼지를 땅에 묻기 시작했습니다.

구제역 병균이 금방 소멸될 것으로 생각했던 것입니다. 그러나 예상과는 달리 구제역이 전국으로 퍼지게 되고 땅에 묻은 소와 돼지가 수백만 마리에 이르게 되고 나서야 정부는 많은 기회비용이 들었다는 것을 뒤늦게 깨닫게 됩니다. 우리나라가 매년 축산물 수출로 벌어들일 수 있는 돈은 몇 십억 원에 불과한데, 도살처분 하는 데 들어간 돈은 몇 조 원에 이른 것입니다. 더구나 서둘러 땅에 묻다보니 침출수 등 환경 문제도 미처 고려하지 못했지요.

합리적인 선택을 가로막는 요인들

사람들이 언제나 합리적인 판단을 하면 좋겠지만 그렇지 않은 경우도 많습니다. 자, 그럼 이번에는 합리적인 선택을 가로막는 요인에는 무엇이 있는지 살펴봅시다.

● 기회비용을 외면하는 태도

가장 큰 문제는 기회비용을 따지지 않는 것입니다. 지불되는 비용만을 생각하는 것이지요.

제대로 된 상점에서 파는 정품 CD가 노점에서 파는 불법 복제품에 비해 10배 비싸다고 가정해 봅시다. 값이 비싸다고 해서 정품을 사지 않고 불법 복제품을 사면 화질도 좋지 않을 뿐 아니라, 반품이나 수리도 제대로 받을 수 없습니다. 혹시라도 감독 당국에 적발되기라도 하면 정품 CD 가격의 몇 배 이상을 벌금으로 물 수도 있고요. 불법 행위를 했다는 것이 마음에 짐으로 남게 되지요. 무엇보다도 정품 CD를 만들어 봤자 팔리지 않는다고 생각한 제작자들이 점점 CD를 제작하지 않게 되겠지요. 그렇게 되면 문화·예술 산업은 점점 위축될 수밖에 없습니다. 결국 좋은 영화나 음악을 감상할 수 없습니다. 이렇듯 눈에 보이지 않는 기회비용을 따지지 않으면 합리적인 선택을 하기 어렵습니다.

● 매몰 비용에 집착하는 태도

다음으로는 포기해야 할 비용에 미련을 갖는 것입니다. 이미 지불되어 다시 돌려받을 수 없는 비용, 즉 매몰 비용(sunk cost)에 집착하는 것이지요.

> **매몰 비용**
> 이미 지출되어 회수가 불가능한 비용입니다. 다시 되찾을 수 없으므로 깨끗이 포기하고 새로운 선택을 시도하는 것이 현명한 의사 결정이 되겠지요.

맛있는 빵을 사서 아껴 먹으려다가 유통 기한이 지난 경우를 생각해 봅시다. 빵을 먹고 싶다면 새 빵을 사 먹어야지 아깝다고 유통 기한이 지난 빵을 그냥 먹으면 배탈이 날 수 있습니다. 그런데 어떤 사람들은 그 빵을 버리기가 아까워서 먹기도 합니다. 매몰 비용에 집착하는 것이지요. 결국은 탈이 나서 빵 값보다 더 큰 비용을 병원비로 치루고 나서야 후회하게 됩니다.

● 평균 비용에 연연하는 태도

지금부터 추가적으로 선택하려는 것의 편익과 비용만을 따지지 않고, 지금까지 들어간 비용을 모두 다 뭉뚱그려 생각하는 습성을 들 수 있습니다.

지금까지 들어간 비용과 지금부터 추가적으로 들어가는 비용을 달리 생각해야 하는 이유는 바로 고정 비용 때문입니다.

서울에서 제주까지 운항하는 비행기의 1인당 탑승 요금이 10만 원이고, 비행기 운항에 소요되는 비용을 좌석 수로 나눈 좌석 당 평균 비용이 7만 원이라고 가정해 봐요. 좌석의 여유분이 있는데 승객 1명이 5만 원에 태워달라고 한다면 항공사는 이 사람을 태워야 할까요, 말아야 할까요?

항공사가 이 사람을 태울 때 추가로 얻을 수 있는 수입은 좌석 당 평균 비용 7만 원에 훨씬 못 미치는 5만 원에 불과하지만, 이 사람을 태울 경우 추가로 들어가는 비용은 운항 도중에 제공하는 음료수 값

정도입니다. 유류비라든지 승무원 임금, 공항 체류비 등 기본적으로 들어가는 고정 비용은 승객을 한 명 태우든, 백 명 태우든 마찬가지이기 때문이지요. 그렇다면 항공사는 5만 원을 받고서라도 이 사람을 태우는 것이 합리적일 것입니다. 그러나 사람들은 이제까지 들어간 비용의 본전을 뽑아야 된다는 생각 때문에 좌석당 평균 비용을 밑도는 돈을 받고서는 비행기에 태울 수 없다고 생각하기 쉽습니다.

자, 지금까지 배운 것을 다시 한번 정리해 볼까요?

사람들은 살면서 다양한 경제 문제에 부딪치게 됩니다. 하고 싶은 것에 비해 그것을 할 수 있는 자원이 부족하기 때문이지요. 이러한 상황을 희소성이라고 합니다. 그렇기 때문에 경제 문제를 합리적으로 해결하기 위해서는 기회비용과 편익을 반드시 따져 봐야 합니다. 눈에 보이지 않는 비용까지 포함한 기회비용과 경제 행위의 만족도를 수치로 표시한 편익을 비교해 보는 것입니다.

산업 혁명 이야기

　산업 혁명이란 노동자가 연장을 가지고 손으로 일하던 수공업 생산 방식이 기술발전이 계기가 되어 기계 조작에 의한 대규모 공장제 생산 방식으로 바뀌면서 경제, 사회 환경이 획기적으로 변화한 사건을 가리킵니다.

　사람들이 수렵 시대를 거쳐 정착 사회를 이루면서 시작된 고대로부터 근대에 이르기까지 땅은 생산의 유일하고도 핵심이 되었습니다. 또한 유럽은 17세기까지 인구의 80% 가까이가 농업에 종사할 정도로 오랜 세월 농업이 경제의 중심이었습니다. 그런데 제조업이 급속히 발달하면서 상당수의 농업 인구가 제조업으로 유입되었고, 그로 말미암아 자연스럽게 도시화가 진전되었습니다. 당시 유럽의 농업은 온 가족이 일 년 내내 농사에 참여해서 공동으로 수확을 얻는 가족농이 대부분이었습니다만, 제조업은 가족 단위가 아닌 더 큰 단위의 노동력 투입이 필요했습니다. 정해진 시간동안 집단으로 노동력을 투입하는 생산 방식이 등장한 것입니다. 그렇게 되자 생산의 결과를 어떻게 분배할 것이냐가 중요한 문제로 등장합니다. 가족농의 경우에는 지대를 제외하고는 농사지은 몫을 가장이 가져가면 됐지만, 제조업이 발달하면서 여러 사람이 생산에 참여하게 되자 자본가의 몫을 어떻게 정할 것인가, 노동자 개개인의 몫은 어떻게 정할 것인가 하는 문제가 나타난 것입니다. 이렇듯 노동력과 토지, 자본이라는 생산의 3요소가 분배 과정에서 서로 경쟁하면서 시장 경제의 발전을 이루게 된 것입니다.

　초기의 공장제 생산은 대부분 노동집약적 생산 방식을 취했기 때문에 노동자의 대규모 동원이 필요했고, 노동자들이 공장 지대에 집결되면서 이루어진 도시화로 인하여 주택 문제, 상·하수도, 공원, 소방, 경찰, 사회보장 문제 등이 발생하게 됩니다. 해결해야 할 경제 문제가 획기적으로 늘어난 것이지요.

자본의 소유 형태도 달라졌습니다. 산업 혁명 초기에는 돈 있는 지주 계층이 제조업에 참여하면서 자본을 독점했습니다. 그러나 경제가 발전하면서 개개인의 자본으로는 기업을 운영하기 힘들만큼 기업의 규모가 커지면서 여러 사람의 자본을 모아 기업을 설립하려는 시도가 나타납니다. 주식회사와 같은 근대적 소유 형태가 나타나게 된 것이지요.

정부의 역할에도 많은 변화가 있었는데, 더욱 복잡해진 사회적 요구에 따라 정부가 시민 생활에 여러 방법으로 개입하게 됩니다. 국방과 치안에만 치중하던 정부가 경제와 관련된 다양한 법제도를 만들게 되고, 시민사회에서 발생하는 경제적 문제를 해결하기 위해 중재자 역할은 물론 문제의 궁극적 해결자 역할까지 담당하기에 이릅니다.

이러한 과정을 거치면서 부(富)란 어떻게 축적되는 것이냐, 사람들은 무엇에 만족하며 사느냐, 생산·분배·소비는 어떻게 이루어지는 것이냐에 관한 이론적 정비가 이루어집니다. 본격적으로 경제학이 발전하게 된 것입니다.

그럼, '3대 기본 경제 문제'에 따라 생각해 볼까?

자네 말대로 학교 앞에 음식점이 없군!

우리 셋이 음식점을 내자고.

무엇을 생산할 것인가?

학교 앞이니까 학생들이 좋아하는 돈가스로 하자!

어떻게 생산할 것인가?

튀김 기계와 프라이팬으로

팔고 남은 돈, 이윤을 나누자.

누구를 위하여 생산할 것인가?

이런 경제 문제는 자원의 희소성 때문에 선택의 문제가 발생하는 데서 나오지.

그리고 폴 새뮤얼슨이 만든 무엇을 생산할 것인가? 어떻게 생산할 것인가? 누구를 위하여 생산할 것인가? 이 이론도 훌륭했어.

이제 경제 이론에 큰 업적을 남기신 세이 선생님께 인사….

에헴!

세이

…는 나중에 하고 어서 준비하러 가세.

생산 vs 분배 vs 소비

이제끼지 여러분은 경제 문제가 왜 일어나는지, 경제 문제를 합리적으로 해결하기 위해서는 어떻게 해야 하는지 알아봤습니다. 이번 시간에는 경제 활동의 근본을 이루는 세 가지 요소인 생산, 분배, 소비에 관해 이야기해 볼까요.

수능과 유명 대학교의 논술 연계

2006년도 수능 (경제) 6번

2006년도 수능 (경제) 12번

서강대 2009학년도 수시2-Ⅱ 일반전형 논술 [문제3]

새로운 가치의 창조

생산이란 경제적으로 가치 있는 것을 새로 만들거나, 원
래 있던 가치를 늘리는 활동을 말합니다. 무엇인가를 만
들기 위해서는 사람들의 노력이 필요하겠지요? 이러한
노력을 노동이라고 합니다. 생산을 하기 위해서는 노동
이외에 또 어떤 것들이 필요할까요?

> **생산**
> 사람들이 생활에 직·간접적으로
> 필요한 재화나 서비스를 만들어
> 내는 행위를 말합니다.

　벼농사를 짓기 위해서는 농부의 노력이 필요합니다. 그리고 볍씨
를 뿌릴 논, 즉 토지와 볍씨가 필요합니다. 볍씨를 땅에다 뿌린 후에
는 논에다 물을 대야겠지요. 비료도 필요하고 병충해를 막기 위한
농약도 필요합니다. 벼가 다 자라고 나서는 추수를 해야 하고, 추수
한 벼를 잘 도정해서 쌀을 만들어 내야 하지요. 이 모든 과정에 필요

한 농부의 노력이 바로 노동입니다.

논과 물은 자연환경이고 볍씨, 비료, 농약은 이미 생산·가공된 생산물입니다. 벼농사를 더욱 효율적으로 짓기 위해서는 경운기나 양수기는 물론 콤바인이나 트랙터와 같은 농기구도 필요합니다. 이렇게 생산에 필요한 기계나 도구를 생산 용구라고 합니다. 경운기가 다닐 도로와 물을 저장할 저수지 같은 사회 간접 자본도 필요합니다.

이렇듯 경제적으로 가치 있는 것을 새로 만들거나 원래 있던 것의 가치를 늘리기 위해 토지, 삼림과 같은 자연 자원이나 이미 생산·가공된 원자재 등에 기계나 도구 등 생산 용구와 사회 간접 자본을 수단으로 활용하여 노동력을 투입하는 행위가 바로 생산인 것입니다.

그런데 생산이란 물건을 만들어 내는 행위만을 가리키는 것이 아니랍니다. 만들어 낸 물건을 필요한 사람에게 팔기 위해서 옮기고, 보관하는 행위도 다 생산에 포함됩니다. 물론 물건을 파는 행위도 생산이지요.

문구점 주인이 여러분에게 공책을 파는 것도 생산에 해당됩니다. 과연 문구점 주인은 무엇을 생산한 걸까요? 유통 행위라는 서비스를 생산한 거지요. 여러분이 공책을 만드는 공장에 가서 직접 공책을 사려면 여러 가지 불편한 점이 많은데 문구점 주인이 공책을 문구점에 진열해 두면 직접 구입해서 쓸 수 있기 때문에 그만큼의 새로운 효용 가치가 발생합니다. 이처럼 유통 행위도 생산 행위가 되는 것입니다.

사회 간접 자본

생산 용구

　애덤 스미스는 서비스처럼 비물리적인 것은 보존할 수 없기 때문에 부가 아니라고 생각했어요. 따라서 서비스를 하기 위해 필요한 노동은 '비생산성 노동'이라고 생각했지요. 그러나 나는 이 효용이라는 개념을 이용해서 소비자에게 효용을 주는 모든 활동은 생산이라는 논리로 서비스를 '비물질적인 부'라고 정의했습니다. 이후 많은 경제학자들도 이러한 논리에서 크게 벗어나지 않았습니다.

● 생산의 목적

생산의 목적은 사람이 살아가면서 쓸 재화나 서비스를 만들어 내는 데 있습니다. 생산을 하면 새로운 가치가 만들어지는데 이러한 가치를 부가 가치라고 합니다. 어떤 활동이 생산인지 아닌지의 여부는 부가 가치가 만들어지는지, 아닌지에 달려 있습니다. 따라서 생산이란 바로 부가 가치를 만들어 내는 행위라고 정의할 수도 있지요.

어떤 재화를 만들어서 얻은 부가 가치가 그 재화를 만들기 위해 투입된 노동력과 자본의 가치를 합한 것보다 작다면 그 재화를 만드는 일은 합리적인 행위라고 할 수 없습니다.

앞으로 남고 뒤로 밑지는 장사를 한다는 속담이 있습니다. 돈을 많이 번 것 같은데 따져 보니 손해더라는 이야기지요. 쌀농사도 마찬가지입니다. 1년 내내 고생해서 농사를 지었는데, 수확한 쌀을 모두 다 팔아도 볍씨나 비료, 농약 구입비와 농기구 유지비가 나오지 않는다면 그 벼농사는 헛 지은 것이 되지요.

그런데 요즘은 식생활이 바뀌면서 쌀 소비가 점점 줄어들고 외국에서 값싼 쌀이 수입되어, 쌀값은 제자리걸음을 하는데 비료나 농약 가격은 계속 올라 농부들이 수지 타산을 맞추지 못하는 일이 현실로 벌어지곤 합니다. 합리적인 생산 활동이 되지 못하는 것이지요. 하지만 그렇다고 해서 사람들이 벼농사를 짓는 것을 꺼리게 되면 국가적으로 식량 자원 확보에 비상이 걸립니다. 그래서 정부가 벼농사를 짓는 사람들에게 보조금을 지급하면서 유지하고 있는 것입니다.

부가 가치 = 재화나 서비스의 총 판매액 − 생산 요소의 총 구입액

생산을 하기 위해서는 자연 자원과 인적 자원, 물적 자원이 필요합니다. 토지가 자연 자원이고 노동력은 인적 자원이며, 원자재나 생산 용구는 물적 자원입니다. 이러한 세 가지 자원을 경제학에서는 '생산의 3요소'라고 부릅니다.

또한 자연 자원은 일반적으로 토지라고 부르는데, 토지란 광산이나 유전, 산림 등 일체의 자연 자원을 모두 포함하는 개념입니다. 바다 한가운데서 어류를 채취하는 조업 지구, 온천, 생수의 원천이 되는 지하수, 이 모든 것들을 경제학에서는 '토지'라고 하지요.

볍씨와 같은 원재료는 인간의 노력인 노동이 결합된 중간 생산물이지 자연 자원은 아니랍니다. 이러한 중간 생산물을 제외한 자연 그대로의 자원이 모두 토지에 해당됩니다.

그런데 토지라고 해서 인간의 노력이 전혀 개입되지 않은 것은 아니랍니다. 농사를 짓는 데 지장을 주는 돌을 골라내고, 볍씨를 뿌리기에 적합하도록 땅을 갈며, 볍씨가 잘 자라도록 물을 잘 대 주었다면 이미 논에도 상당한 노동이 투입된 것으로 봐야겠지요. 그래서 그 논을 다른 사람에게 팔려고 내놓는다면 논 자체도 훌륭한 상품이 됩니다. 하지만 이건 논을 판매할 때의 이야기지요. 농사를 지을 때는 논을 노동력의 투입을 기다리는 자연 자원으로 해석합니다.

그리고 인적 자원은 노동력을 말하는데, 능동적으로 생산 과정을 이끌어 가는 인간의 능력과 의지가 포함된 노동력을 일컫습니다. 또

한 노동에서 빼놓고 생각할 수 없는 것이 바로 기술입니다. 경제적 발전이란 바로 이러한 기술의 발전이 있었기 때문에 가능했던 것이지요. 기술의 발전은 소득 수준에도 영향을 미친답니다.

산업 혁명이 바로 그러한 사실을 입증해 줍니다. 산업 혁명이 이루어지기 전에는 세계 경제가 농업을 중심으로 이루어졌지요. 농업의 기계화가 이루어지기 전에는 생산 도구도 변변치 않아서 소나 말의 힘을 빌리는 것이 고작이었고, 투입되는 노동력에 비해 생산의 결과가 미미했어요. 그러던 것이 산업 혁명이 일어나고 기계화가 이루어지면서 생산량이 혁명적으로 늘어나고, 소득 수준도 높아졌습니다.

또한 물적 자원이란 자연 그대로의 생산 환경과 노동력을 제외한 모든 자원을 말합니다. 자본이라고도 하지요. 건물·기계·시설 등과 같은 고정 설비와 생산의 원료나 중간 생산물, 이미 생산이 이루어진 결과물 중 판매되지 않은 부분, 즉 완제품의 재고가 자본에 포함됩니다. 토지 이외에 사람이 지니고 있는 모든 자원을 말하는 것입니다. 이처럼 물적 자원이란 사람이 만들어 낸 자원을 말합니다.

자연 자원과 인적 자원은 인위적으로 만들어 낼 수 없습니다. 그래서 본원적 생산 요소 또는 기본적 생산 요소라고 합니다. 거기에 비해 물적 자원인 자본은 그 자체를 사람이 인위적으로 만들어 낸 것입니다. 인간의 노동력이 결합된 것이지요. 그런 뜻에서 사람들은 자본을 파생적 생산 요소 또는 제2의 생산 요소라고 부릅니다.

산업 혁명 전후만 하더라도 생산에 필요한 경제적 자원은 토지나 노동, 자본만으로 충분히 설명이 되었지요. 그런데 경제가 발전하면서 다양한 생산 요소가 등장합니다. 우선은 기업가의 능력입니다. 효율적인 생산을 위해서 필요한 조직을 만들고, 그 조직을 운영하는 기업가의 능력은 노동과는 다른 제4의 생산 요소로 인식됩니다. 여기에는 기업 경영에 뒤따르는 위험 부담 능력도 포함됩니다.

다음으로는 신뢰 관계입니다. 아무리 좋은 자연 자원에 훌륭한 노동력과 풍부한 자본을 써서 출중한 능력의 기업가가 좋은 물건이나 서비스를 만들어도 소비자의 신뢰를 얻지 못한다면 그 물건은 제대로 팔리지 않습니다. 그렇기에 소비자의 신뢰 관계를 중요한 생산 요소로 간주해야 합니다. 그 밖에도 지식이나 정보의 적절한 활용 능력을 새로운 생산 요소로 파악하려는 경향도 있답니다.

생산한 결과는 누가 가져가나?

자, 이제 생산에 대해서 웬만한 것은 다 알아봤습니다. 그런데 사람들은 재화나 서비스를 왜 만드는 걸까요? 만드는 일 자체가 좋아서일까요? 아닙니다. 생산을 통해 만들어진 새로운 가치를 나누어 쓰는 재미가 쏠쏠하기 때문입니다. 이렇게 새롭게 만들어진 가치 즉, 부가 가치를 나누는 행위가 바로 **분배**(分配)입니다.

분배
생산 결과를 생산에 참여한 사람들에게 나누는 행위를 분배라고 하지요.

사람들은 여러 가지 방법으로 생산에 참여합니다. 회

사에 취직하거나 자신의 가게에서 일하기도 하고, 자신의 땅이나 건물, 돈을 다른 사람들에게 빌려 주고 그 대가로 소득을 얻기도 합니다. 이렇게 다양한 소득의 원천이 되는 것은 바로 생산으로 새롭게 만들어진 가치인 부가 가치이지요. 모든 경제적 자원이 희소하듯이 부가 가치 역시 희소한 자원입니다. 희소한 노동력과 희소할 수밖에 없는 토지와 자본이 결합되어 만들어지기 때문이지요. 희소하기 때문에 누구나 마음먹은 대로 가져다 쓸 수 없고, 생산에 참여한 사람들이 정해진 기준이나 관행에 따라 나누어 쓰게 됩니다. 부가 가치를 나누는 가장 공평한 방법은 토지, 자본, 노동 등 각 생산 요소를 생산에 얼마나 기여했느냐를 따져 보는 것입니다.

'생산의 3요소'를 배울 때 여러분은 자연 자원을 빌려 준 대가를 지대, 노동에 대한 대가를 임금, 자본에 대한 대가를 이자라고 부른다고 배웠습니다. 기업가가 노력한 대가는 이윤이라고 배웠지요.

한여름 내내 농사를 지어 가을에 벼를 수확해서 판매한 돈은 누가 가져갈까요? 논이 자기 소유라면 상관없지만, 다른 사람의 소유라면 논 주인에게 지대를 지불해야 합니다. 혼자서 농사를 지었다면 임금 역시 본인이 가져가겠지만, 농사일이 힘들어 다른 사람의 도움을 받았다면 그 사람에게 임금을 지불해야 합니다. 볍씨나 비료, 농약을 살 돈이 부족해서 은행에서 돈을 빌려 썼다면 이자를 은행에 지불해야 합니다. 농기구를 빌려 썼다면 그것 역시 사용료를 지불해야 합니다. 이러한 사용료도 이자의 개념에 포함되지요. 지대와 임금, 이자는 생산 요소를 투입한 대가라는 개념에서 요소 소득이라고

농부

땅주인

농약 가게 주인

은행

농사를 도와주신 분

합니다. 벼를 생산해서 얻은 부가 가치에서 요소 소득인 지대와 임금, 이자를 지불하고 남은 돈은 벼농사를 기획하고 주도한 기업가로서의 농부 본인의 이윤이 됩니다.

만약 생산 참여자들이 분배에 불만을 갖게 된다면, 생산은 원활하게 이루어질 수 없습니다. 이 불만이 다음 생산 과정에까지 영향을 미치기 때문이지요.

부가 가치 = 지대 + 임금 + 이자 + 이윤

다시 벼농사로 돌아가서 이야기해 볼까요? 농부에게 논을 빌려준 논 주인이 지대가 적다고 불만을 갖게 되면 다음 해에는 그 농부에게 논을 빌려주지 않을 것입니다. 임금이 적다고 생각하는 일꾼은 다음 해에는 농사에 참여하지 않으려 할 것이고, 은행에서도 이자를 제대로 받지 못한다면 다시는 돈을 빌려주지 않을 것입니다. 농부는 기업가로서의 이윤이 적게 날 경우 농사지을 흥미를 잃게 됩니다. 따라서 부가 가치가 얼마나 크냐 하는 것도 문제이지만 그 가치를 어떻게 나누느냐 하는 문제도 매우 중요합니다. 생산에 참여한 모든 이들이 불만을 갖지 않도록 공정하게 나누어야 하는 것이지요.

분배된 것들을 어떻게 쓸 것인가?

개인이 자신의 경제적 만족감을 높이기 위해 필요한 재화나 서비스를 사용하거나 소모하는 행위를 소비라고 합니다. 사람들은 생산에 참여해서 분배받은 소득으로 일상생활에 필요한 재화나 서비스를 사서 쓰지요.

처음에 사람들은 물물 교환의 형태로 필요한 물건을 바꾸어 사용했습니다. 그러다가 경제가 발전하면서 돈이 등장했고, 소비 생활은 돈을 매개로 하는 교환 방식으로 발전합니다. 생산의 결과물을 돈의 형태로 분배하고, 그 돈으로 필요한 물건이나 서비스를 사서 쓰게 된 것이지요. 이것을 소비 지출이라고 합니다.

사람들이 보유한 자원을 투입해서 살아가는 데 필요한 재화나 서비스 등을 만드는 행위가 생산이라면, 소비란 무엇일까요?

소비란 그 사람들이 어떠한 형태로든 분배받은 자원, 돈이나 재화·시간·노력 등을 스스로가 하고 싶은 것을 하기 위해 쓰는 행위를 말합니다. 재화나 서비스를 구입하기 위해 소비자가 돈을 쓰는 행위는 특별히 소비 지출이라고 하지요.

소비와 소비 지출이 반드시 일치하는 것은 아닙니다.

밥을 짓기 위해서는 우선 쌀을 사야 합니다. 쌀의 소비를 위해 지출이 이루어지는 것이지요. 그러나 이러한 소비 지출로 구입한 쌀은 한번에 전부 소비되지 않는 것이 일반적입니다. 밥을 지을 때마다 필요한 분량만을 소비하게 되지요. 텔레비전을 구입하기 위해 이루어진 소비 지출 역시 한번에 곧바로 소비되는 것은 아닙니다. 다른 텔레비전으로 바꿀 때까지의 교환 기간을 두고 천천히 소비됩니다. 이때 한번 구입한 쌀이나 텔레비전을 '어느 기간만큼 소비하느냐'도 중요하지만, '얼마나 소비 지출을 하느냐'도 중요합니다. 소비 지출은 쌀이나 텔레비전을 실제로 살 것인가 말 것인가 하는 유효 수요를 알아낼 수 있는 직접적인 척도가 됩니다.

일반적으로 소비란 쌀이나 텔레비전처럼 최종 소비재의 소비만을 일컫는 것입니다. 이러한 최종 소비재의 소비는 사람들이 일상적으로 살아가기 위해 하는 소비이기 때문에 개인 소비, 가계 소비 또는 본래적 소비라고도 부릅니다.

반면에 생산을 하기 위해 원자재나 중간 생산물을 사용하는 것은 생산적 소비라고 하지요. 생산적 소비란, 소비라는 말이 붙어 있기는 해도 새로운 가치를 생산하기 위해 생산 요소를 사용한 것이므로 엄밀히 말해 소비가 아니라 생산에 해당됩니다.

농부가 농사를 짓기 위해 구입하는 비료나 농약은 농부가 일상적으로 살아가기 위해 소비하는 것이 아니라 쌀이라는 새로운 사용 가치를 생산할 목적으로 소비하는 것이기 때문에 생산적 소비에 해당됩니다. 음식점 주인이 음식을 만들어 팔기 위해 재료를 구입하는 것도 생산적 소비지요.

그렇다고 해서 사람들이 밥을 먹고 잠자는 것까지도 무언가를 만들어 내기 위해서 준비하는 과정이니까 생산 활동이 아니냐고 따지면 이야기는 너무 복잡해져요. 중요한 것은 생산과 소비가 무엇을 의미하는 건지 제대로 알자는 거지 복잡하게 얽혀 있는 수수께끼를 풀자는 게 아니니까요.

다시 말해서 가게 주인이 손님에게 사이다를 파는 행위는 돈을 벌기 위한 것이므로 생산이지만, 그 가게 주인이 목이 말라서 사이다를 마시는 행위는 생산이 아니라 소비입니다.

● 저축에 관하여

생산에 참여한 대가로 얻은 소득이 전부 소비로 지출되는 것은 아닙니다. 소득과 소비 지출이 일치하는 경우도 있겠습니다만 대부분은 소비 지출을 하고 나서도 소득이 남거나, 아니면 반대로 소득보다 소비 지출이 더 많게 됩니다.

소득 중에서 소비 지출을 하고도 남는 여유 자금이 저축입니다. 저축은 현재의 소득을 지금 당장 소비하지 않고 미래의 소비 자원으로 유보시켜 두는 과정이라고도 할 수 있습니다.

소득보다 소비 지출이 더 많다면 어떻게 해야 할까요? 그런 경우에는 어쩔 수 없이 빚을 져야겠지요. 빚, 즉 부채란 미래에 얻게 되리라고 기대하는 소득의 일부를 미리 앞당겨 소비 자원으로 쓰는 것이지요. 빌려 쓴 돈을 갚을 만한 소득을 미래에 벌지 못한다면 어떻게 될까요? 결국 빚쟁이가 되고 말겠지요.

● 한국의 저축률

1인당 국민 소득이 1만 불을 이루던 1995년에는 한국의 개인 저축률이 23%였어요. 그런데 1인당 국민 소득이 2만 불로 두 배 늘어난 2007년에는 개인 저축률이 2.3%, 즉 1만 불 시절의 10분의 1 수준으로 줄어 들었습니다. 그런데 가계 부채 비율은 1995년에는 연간 소득의 75% 수준이었는데, 2007년 들어서는 연간 소득의 160% 수준으로 늘어났어요. 소득이 두 배 늘어나는 동안에 저축률은 10분의 1로 줄고, 빚의 비중은 4배 늘어난 것이지요. 돈을 번 것보다 훨씬 더 많이 쓴 것입니다.

더 큰 문제는 소득 상위 20%에 해당하는 사람들은 쓸 만큼 쓰고도 매달 200만 원 이상이 남는데 소득 하위 20%에 해당하는 사람들은 아껴 쓴다고 쓰는데도 매달 40~50만 원이 모자랍니다.

이는 빈익빈 부익부 현상이 심해지고 있다는 것을 뜻합니다. 생활이 어려운 사람들은 돈이 부족하다고 아우성이지만, 소득 수준이 지금보다 절반 밖에 안 될 때도 지금보다 10배 가까이 많이 저축했던 것을 보면 돈이 부족해서 저축을 못하는 것은 아니랍니다. 소비가 그만큼 늘어난 거죠. 그러나 어려울수록 저축을 해야 풍요로운 미래를 준비할 수 있습니다.

그래서 합리적인 소비가 필요하다는 이야기를 합니다. 합리적 소비란 소득의 범위 내에서 비용과 편익을 잘 따져서 소비하는 것인데, 최소의 비용으로 최대의 효용을 얻는 것이 바로 경제의 기본 원칙이지요. 이러한 기본 원칙에 부합하도록 적은 비용으로 큰 만족을 얻을 수 있는 소비를 하는 것입니다. 소득은 한정되어 있기 때문에 합리적인 선택을 해야 하는 것이지요. 어느 쪽을 소비했을 때 가장 크게 만족할 수 있는지, 기회비용은 어느 쪽이 적게 드는지를 늘 따져 봐야 합니다.

충동 소비, 모방 소비, 과시 소비, 과잉 소비는 늘 우리를 유혹하지요. 그러한 소비는 결코 합리적인 소비라고 할 수 없습니다.

『로빈슨 크루소』 이야기

『로빈슨 크루소』 이야기는 영국 작가 다니엘 디포(Daniel Defoe)가 예순 살 기까운 나이에 처음 쓴 장편 소설입니다. 원 제목은 『요크의 선원 로빈슨 크루소의 생애와 이상하고 놀라운 모험』이랍니다.

이 작품은 발표되자마자 디포에게 큰 명성을 안겨 주었지요.

줄거리는 다음과 같습니다. 요크 태생의 선원 로빈슨 크루소는 아버지의 만류를 뿌리치고 항해에 나섰다가 배가 난파되어 혼자 무인도에 표류하지요. 하지만 그는 좌절하지 않고 창의적 도전 정신과 근면, 노력으로 무인도 생활을 헤쳐 나갑니다. 우선 난파된 배에서 식량과 의류, 무기 등을 꺼낸 다음, 오두막집을 짓고 불을 피워 기본적인 생활 여건을 갖춥니다. 시간이 흐르면서 야생 보리로 농사를 지어 빵을 만들고, 진흙을 구워 그릇도 만들어 쓰지요. 산양을 가축으로 키워 젖과 고기를 얻고, 버터나 치즈도 만듭니다. 나름대로 달력도 만들어 씁니다. 그렇게 27년이 지난 어느 날, 로빈슨 크루소는 식인종에게 붙잡힌 원주민 한 명을 구해 줍니다. 그날이 마침 금요일이어서 로빈슨 쿠르소는 그 원주민에게 '프라이데이'라는 이름을 붙여 주지요. 프라이데이는 심부름을 하는 등 그의 일을 돕게 됩니다. 로빈슨 크루소는 프라이데이에게 영어와 총 쏘는 법, 젖 짜는 법을 가르쳐 주고 옷도 만들어 입힙니다.

결국 두 사람이 공동으로 생산하고, 생산한 결과물을 공동으로 분배하고 소비하게 된 것이지요.

로빈슨 크루소는 1년 뒤 무인도에 기착한 영국 배를 타고 고국으로 돌아옵니다. 그는 숱한 어려움 속에서도 끝내 희망, 믿음, 인내, 용기를 잃지 않고, 성공적인 경제 활동을 해냈던 것입니다.

누나, 이 쌀은 누가 만든 건가요?

농부들이 생산한 거죠.

생산이요?

생산이란 보유한 자원을 투입해서 꼭 필요한 재화나 서비스를 만드는 행위죠.

농사의 경우는 모를 심고 물을 대고 비료를 주고 병충해를 막기 위해 농약을 뿌리죠? 그리고 추수를 해서 '생산'한 거죠.

공책의 경우라면 문구점 아저씨가 직접 공책을 만드는 건 아니지만 구입하고, 진열함으로써 효용 가치를 높인 유통 행위라는 서비스를 생산한 거고요.

농부 아저씨가 직접 쌀을 파는 건 아니잖아요?

물론이죠. 고객님이 지불한 쌀값에는

농부가 땅을 빌려썼다면 토지 이용료, 농약 등을 사기 위해 은행에서 빌렸다면 원금과 이자, 그리고 농부의 소득이 포함되는 거죠.

이것을 '분배' 라고 해요.

이렇게 분배받은 소득으로 필요한 재화나 서비스를

구입하는 것을 '소비'라고 하는 거죠. 고객님처럼요.

누나! 생산이니 분배니 소비니 다 필요없고요!

밥이 너무 맛있어서 다이어트 안 되니까 맛없게 만들라구 하세요!

누 가   경 제 를
움 직 이 나 ?

경제 활동은 생산, 분배, 소비로 이루어져 있
다고 했습니다. 그렇다면 그 경제 활동은 누가
어떻게 하는 것일까요? 이번 수업에서는 가계
와 기업, 정부의 경제 활동에 대해 알아보고,
기업의 필요성과 역할을 이해해 봅시다.

수능과 유명 대학교의 논술 연계

성균관대 2011학년도 수시 논술고사 (인문 3) [문제4]

가족은 구성원들이 생산에 참여한 대가로 얻은 소득으로 재화나 서비스를 소비하지요. 이렇게 가족 공동체로 이루어진 경제 단위를 '가계'라고 합니다. 가계는 소비의 주체가 됩니다. 최근에는 가족 단위보다는 개인 단위의 소비가 늘고 있어 소비의 주체를 개인, 즉 소비자라고 부르기도 하지요.

그렇다면 생산의 주체는 누구일까요? 우리들이 필요로 하는 재화나 서비스를 생산, 공급하는 기업입니다. 기업은 이윤을 획득하기 위해 생산 활동을 벌이는 경제 단위이지요. 이러한 가계와 기업이 모여서 지역 사회와 국가를 이룹니다. 지역 사회 또는 국가의 운영을 위해 생산과 소비를 담당하는 경제 단위를 정부라고 하고요.

시장 경제에서는 수많은 가계와 기업이 정부와 서로 어우러져서 경제 활동을 합니다. 기업이 생산한 재화와 서비스를 시장에 공급하면, 가계는 시장에서 이러한 재화와 서비스를 구입하지요. 재화와

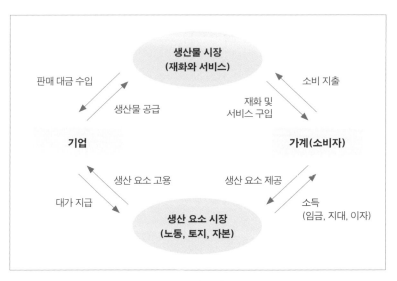

경제 주체의 상호 의존 관계

서비스 구입에 필요한 자금은 가계가 생산 요소를 기업에 제공하여 얻습니다. 기업은 노동력을 비롯한 다양한 생산 요소를 고용하고, 가계는 그 대가를 받아 소비 지출을 하는 것입니다.

또한 정부는 경제 활동에 필요한 자금을 가계와 기업으로부터 세금의 형태로 거둬들이고, 가계와 기업에 공공재를 제공합니다. 그러나 이러한 경제 활동을 모두 다 경제적인 활동이라고 하지는 않습니다. 여러분은 이미 최소의 자원으로 최대의 효용을 얻으려 하는 경제의 기본 원칙을 배웠으니 경제적인 활동은 무엇이고, 경제적인 활동이 아닌 것은 무엇인지 구분할 수 있겠지요?

일정한 비용이 들어갈 때 최대의 편익을 얻고, 편익이 일정할 때

최소의 비용이 들어가게 하는 것을 경제적인 활동이라고 하는 것이
지요.

소비의 주체, 가계의 선택

무엇을, 누구에게서, 얼마에 살 것인지를 결정하는 가계
의 선택은 가계 자체의 경제생활 뿐 아니라 국가 경제
전반에도 큰 영향을 미칩니다. 가계가 질 높은 재화와
서비스를 구입하기 위해 합리적인 선택을 할 때, 기업도
질 높은 재화와 서비스를 생산하게 됩니다.

국가 전체적으로 볼 때 소비의 증가는 경기를 활성화
시킵니다. 소비가 늘면, 그에 맞추어 생산이 늘고, 생산이 늘면, 고용
이 늘게 되지요. 고용이 늘면 그만큼 소득이 늘고, 소득이 늘면 다시
소비가 늘어납니다. 이러한 순환 구조 속에서 경기가 활성화되는 것
입니다.

그렇다고 해서 소비가 증가만 한다면 이 또한 좋은 상황은 아닙니
다. 소비란 소득에서 저축을 제외한 나머지 부분을 차지하기 때문에
소득이 일정한 상황에서 소비가 늘면 저축이 줄어들기 때문입니다.
저축이 줄면 장기적인 차원에서 생산에 투자를 할 수 있는 자원이 감
소하여 국가 경제 발전에 지장을 초래하는 경우도 있습니다. 그리고
개인이 합리적인 소비를 하지 않고 무분별하게 소득 이상으로 소비

를 하는 경우에도 국가 전체의 경제가 어려워질 수 있습니다.

　반면에 소비가 전반적으로 줄어드는 경우에도 국가 경제가 어려워집니다. 소비가 줄어들면 생산이 위축되고, 생산이 위축되면 기업은 고용을 줄입니다. 고용이 줄면 그만큼 소득이 줄어서 다시 소비가 위축됩니다. 이렇듯 사소해 보이지만 가계의 경제적인 선택은 국가 경제 전체에 큰 영향을 미칩니다.

● 소비에 영향을 미치는 요인

　소비는 소득 수준에 영향을 받습니다. 소득이 높아지면 소비도 늘어납니다. 보유 재산이 많다면, 그 재산의 일부를 팔아 소비 자금으로 충당할 수 있기 때문에 이 또한 소비가 늘어납니다.

　그러나 물가(物價)가 오르면 가지고 있는 돈으로 살 수 있는 재화나 서비스의 양이 줄어들기 때문에 소비가 줄어들지요. 이자율이 높아지면 사람들은 저축을 더 많이 하고, 빚이 있는 사람은 더 높은 이자를 지출해야 하기 때문에 그만큼 소비가 줄어듭니다. 이와 같이 소득 수준과 재산, 물가 수준, 이자율 등이 소비에 큰 영향을 미칩니다.

물가
물가는 시장의 여러 가지 재화의 가격이나 서비스의 요금을 평균적으로 종합하여 수치로 나타낸 가격의 수준을 말합니다. 물가가 계속 오르는 것을 인플레이션이라고 부르는데, 인플레이션이 발생하면 그만큼 돈의 가치가 떨어집니다.

2000년　　　　　　　　　　　　　　　　　　2010년

자장면 2,500원　　→ 가격 50% 상승　　자장면 5,000원

만 원으로 4그릇　　　　　　　　　　　　만 원으로 2그릇

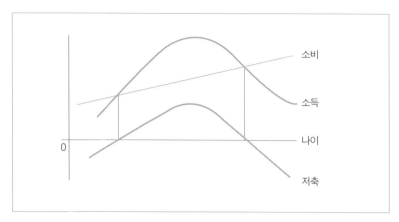

생애 소득 – 소비 곡선

　그래서 가계는 가족 구성원의 생애에 걸쳐 소득 수준이 변화할 것을 염두에 두고 적절한 소비 활동을 해야 합니다. 일반적으로 청년기에는 소득 수준이 낮지만 중·장년기가 되면 소득 수준이 높아지고, 은퇴 시기가 되면 다시 소득 수준은 낮아집니다. 반면에 소비 지출은 전 생애에 걸쳐 비슷한 수준을 유지하게 되지요. 젊었을 때는 결혼도 해야 하고, 집도 장만해야 하므로 소득 수준보다 다소 높은 소비 지출을 할 수도 있습니다.

　그때 생긴 빚은 소비 지출이 소득 수준보다 더 높아지는 중·장년기에 갚아야 합니다. 그리고 은퇴 이후를 대비해서 저축도 해야 하지요. 그래야만 소득이 없는 은퇴 이후에도 안정적인 소비 생활을 누릴 수 있습니다.

생산의 주체, 기업이 하는 일

기업은 전문적으로 생산을 하기 위해서 만들어진 조직입니다. 자급 자족 사회에서는 생산을 전문으로 하는 조직이 필요하지 않았지요. 그러나 시장이 형성되고 생산과 소비가 분리되면서 기업이 등장했습니다. 오늘날은 기업이 존재하지 않을 경우 사람들이 원하는 재화나 서비스를 구하기 어려울 만큼 기업의 역할이 커졌지요.

뿐만 아니라 기업은 가계에 일자리를 제공하며, 재화나 서비스의 품질을 개선하거나 새로운 상품을 만들어 소비자의 삶의 질을 향상시킵니다. 또한 기업은 새로운 산업을 창출하는 한편, 세금을 납부하여 국가의 재정에 기여하며, 전 세계적으로 활동하여 국가 이미지 개선에 도움을 줍니다.

기업이 생산 활동을 하는 첫 번째 이유는 이윤을 얻기 위해서입니다. 기업이 생산 활동을 하기 위해서는 여러 가지 생산 요소를 갖추어야 하고 그러한 생산 요소를 관리·감독하기 위해 많은 비용이 들어갑니다. 또한 기업의 생산 활동에는 많은 위험이 따르지요. 생산 과정에서 사고가 발생하거나 계획에 차질이 빚어져 재화나 서비스를 제대로 생산하지 못할 수도 있고, 이미 만들어진 재화나 서비스가 시장에서 외면당할 수도 있습니다. 이렇듯 많은 비용과 위험이 따르는 일임에도 불구하고 기업이 생산 활동을 하는 이유는 바로 이윤을 얻기 위해서입니다.

여기서 이윤이란 기업의 수입에서 생산에 사용한 비용을 뺀 것입니다. 회계 상의 이윤은 수입에서 회계적 비용을 빼면 되지만, 이와 달리 경제적 이윤을 계산하려면 눈에 보이지 않는 비용까지 따져 봐야 합니다. 바로 기회비용을 이야기하는 거지요.

기업가는 생산으로 얻어진 부가 가치에서 전통적인 생산 요소를 투입한 대가, 즉 임금, 지대, 이자를 제외하고 남은 부분이, 스스로가 포기한 모든 비용을 합친 것보다 클 때 비로소 기업을 조직하고, 경영하려는 의욕을 갖게 됩니다.

> 회계적 이윤 = 수입 − 회계적 비용
>
> 경제적 이윤 = 수입 − 생산에 소요된 기회비용

기업가(Entrepreneur)라는 용어는 1803년 저술한 『정치 경제학 요론』이라는 책에서 처음 사용했습니다. 기업가가 이윤을 얻기 위해서는 시장이 요구하는 특성을 갖추어야 합니다. 기업가에게는 첫 번째로 소비자의 욕구, 즉 소비자가 어떤 재화나 서비스를 필요로 하는지를 알아내는 통찰력이 필요합니다.

두 번째는 그러한 재화나 서비스를 만들어 낼 수 있는 기술이나 노하우가 필요합니다. 남들이 만들어 내지 못하는 것을 만들어 내거나, 같은 재화를 남보다 싼 값에 만들어 낼 수 있는 능력을 말하지요. 이러한 기술과 노하우를 갖추기 위해서는 많은 노력과 비용이 들어갑니다. 이러한 노력과 비용의 투자는 성공이 보장되지 않는 매우 불확실한 선택입니다. 이러한 불확실성이 바로 이윤의 원천이 되는 것이지요.

　다음으로는 자신이 잘 할 수 있는 분야를 특화시켜서, 자신이 보유한 생산 자원을 효율적으로 활용하고 관리하는 능력이 필요합니다. 특히 생산 비용을 더 줄일 수 있는 능력이 필요합니다. 벼농사의 경우라면 논을 소유하는 것과 빌리는 것 중 어느 쪽이 비용을 더 줄일 수 있을지, 일꾼을 고용하는 것과 기계를 빌리는 것 중에서 어느 쪽이 비용을 더 줄일 수 있을지 파악하는 능력이 필요합니다.

기업가 정신
기업의 본질인 이윤 추구와 사회적 책임의 수행을 위해 기업가가 마땅히 갖추어야 할 자세나 정신을 말합니다.

기업가 정신은 위험을 무릅쓰고 새롭게 사업을 시작하는 태도입니다. 에디슨의 축음기나 컴퓨터 운영 체제인 Windows 등은 모두 기업가 정신의 산물이라고 할 수 있지요.

● 기업가 정신이란?

　기업가 정신(entrepreneurship)이란 '모험하다' 또는 '시도하다'라는 뜻을 지닌 프랑스어(entreprendre)에서 나온 말입니다. 앞서 살펴본 바와 같이 기업 활동에는 많은 불확실성이 존재합니다. 이러한 불확실성에도 불구하고 이윤을 얻기 위해 기업 활동을 하려는 모험 정신과 도전 정신이 바로 기업가 정신입니다. 다시 말해서 미래를 예측하는 통찰력과 새로운 것에 과감히 도전하는 혁신적이고 창의적인 정신이 바로 기업가 정신입니다.

　나는 "기업가란 경제적 자원을 생산성과 수익성이 낮은 곳으로부터 좀 더 높은 곳으로 이동시킨다."라고 말한 적이 있습니다. 기업가는 기업을 조직하고 경영하는 과정에서 기업가 정신을 발휘하여 질 높은 재화나 서비스를 생산해야 하며, 시장에서 공정한 경쟁을 벌임으로써 소비자의 생활을 증진시키고, 우수한 인재를 양

82　　◆　세이가 들려주는 생산·분배·소비 이야기

성하고, 노동자의 복지를 이루어 경제의 활력을 불어 넣어야 한다는 것을 강조한 것입니다.

오스트리아 태생의 미국 경제학자 슘페터(Joseph Alois Schumpeter)는 새로운 생산 방법과 상품 개발을 통해 기술을 혁신하고 창조적 파괴(Creative Destruction)에 앞장서는 혁신자를 기업가로 정의했습니다. 그리고 이러한 기업가의 혁신 정신이야말로 경제를 발전시키고 기술을 진보시키는 원동력이라고 하였지요.

기업가 정신은 기업을 경영하려는 사람에게만 필요한 덕목이 아닙니다. 무슨 일을 하더라도 창의력과 도전 정신으로 난관을 극복하여 자신이 맡은 일을 창조적으로 발전시켜 나갈 수 있다면 그것이 바로 기업가 정신입니다. 여러분도 기업가 정신으로 공부를 한다면, 미래의 꿈에 한걸음 더 다가갈 수 있지 않을까요?

재정의 주체, 정부의 역할

산업 혁명이 일어난 자본주의 초기만 하더라도 정부는 국방, 외교, 치안과 같이 국민을 보호하는 기능만 담당했습니다. 대부분의 경제 문제는 시장을 통해서 해결할 수 있다고 믿었지요. 그러나 경제 구조가 복잡해지고 국민의 요구가 다양해지면서 정부의 활동 범위 또한 넓어졌습니다. 국민 공공의 욕구를 충족시키고 사회 복지를 향상시키는 일은 시장 경제만으로 해결할 수 없기 때문이지요. 그래서 정부는 국방, 외교, 치안, 교육, 보건 등 공공 서비스를 제공하고 도로, 항만, 공항, 철도 등의 사회 간접 자본(Social Overhead Capital: SOC)을 제공하게 되었습니다. 또한 정부는 공적 부조(public assistance)를 통해 생계가 어려운 이들을 도우며, 성장, 고용 확대, 물가 안정 등의 경제적 목표를 달성하기 위하여 정책을 수립, 집행하는 역할까지 담당하게 된 것입니다.

정부가 하는 이런 일들을 재정 활동이라고 합니다. 정부는 재정 활동에 필요한 자금을 안정적으로 확보하기 위해 국민들로부터 세금을 걷습니다. 세금은 국민들의 소득의 형평성을 개선하는 기능도 수행합니다. 소득 수준이 높거나 자산이 많은 사람은 소득 수준이 낮거나 자산이 적은 사람보다 더 많은 세금을 내야 합니다. 소득이 많은 사람에게서 더 많은 세금을 걷어 소득이 낮은 사람에게 공적 부조의 형태로 나눠 주는 것입니다.

정부의 경제 활동은 다음과 같은 특징을 지닙니다.

① 재정은 반드시 사전에 수립된 예산에 의해 집행됩니다.
② 가계의 경제 활동은 효용을 극대화하고, 기업의 경제 활동은 이윤을 극대화하려는 것인데 비해, 정부의 경제 활동은 정부가 제공하는 공공 서비스의 편익을 극대화시키기 위해 이루어집니다.

③ 가계나 기업의 경제 활동은 비용을 지불한 사람이 수혜자가 되지만, 재정은 세금을 낸 사람과 공공 서비스의 수혜자가 달라질 수 있습니다.

④ 가계는 수입이 정해져 있으므로 그 수입의 범위 내에서 지출이 이루어져야 하지만, 재정은 먼저 지출 규모를 결정하고 그에 필요한 수입을 확보합니다.

⑤ 가계나 기업의 경제 활동은 당사자 간의 계약이나 협의에 의해 이루어지는 데 비해, 재정은 공권력에 의해 강제 집행됩니다.

공유지의 비극

우리는 세 번째 수업에서 경제는 누가 움직이는지에 관해 알아보았습니다. 소비의 주체는 가계이고, 생산의 주체는 기업이 되며, 재정의 주체는 정부라고 배웠지요. 가계는 생산 요소인 노동력을 제공하고 기업은 생산 요소 구입의 대가를 지불합니다. 생산 요소를 제공한 대가로 분배받은 가계 소득이 바로 소비의 원천이 되기에 생산과 소비는 분배를 중심으로 순환되는 것입니다.

모든 경제 활동은 가계와 기업, 정부라는 경제의 각 주체들이 각자가 담당한 생산과 소비 부분에서 적절한 책임을 지는 동시에 권리를 행사하기 때문에 원활하게 작동합니다. 만약 경제 활동에 참여하는 이들이 권리 행사만 하고 책임은 지려 들지 않는다면 어떤 결과가 빚어질까요?

미국 캘리포니아 대학교 산타바바라 캠퍼스(UCSB)의 생물학과 교수 가렛 하딘(Garrert Hardin)은 1968년 「공유지의 비극(The Tragedy of the Commons)」이라는 논문을 발표했습니다. 어느 특정한 개인이 소유권을 갖지 않고 사회 전체가 소유권을 지닌 자원을 공유 자원이라고 하는데, 그 공유 자원은 누구든지 관리 책임은 회피하고 소유권만 행사해서 한꺼번에 남용되어 고갈될 위험이 있다는 것이지요.

시민 공원을 예로 들어 볼까요? 공원 관리인을 따로 두지 않고 시민들이 알아서 관리하도록 하면, 누구든지 쓰레기를 함부로 버리려 하거나 시설을 함부로 사용하여 결국 공원이 황폐해지게 됩니다. 따라서 이러한 공유 자원은 정부가 책임지고 관리하거나 이해 당사자가 모여 일정한 합의를 통해 권리의 행사를 제한해야 한다는 것이지요.

이 '공유지의 비극'이라는 개념은 다양한 분야에서 널리 활용되고 있는데 특히 경제학에서는 정부의 역할을 설명하는 개념으로 널리 쓰이고 있습니다. 경제적으로 공유지, 즉 공유 자원(Common Resources)이란 자연 자본 또는 사회적 공통 자본을 말하는데, 공기나 지하자원, 강, 호수 및 국가나 지방 자치 단체가 소유한 토지 등이 여기에 포함됩니다.

자연적으로 형성된 것뿐만 아니라 항만, 도로 등과 같이 공공의 목적으로 축조된 사회 간접 자본도 공유 자원에 해당됩니다. 이러한 공유 자원은 누구든 자신의 경제 활동에 이용하려고만 들고 이용한 만큼의 대가를 지불하려 들지 않기 때문에 자기가 부담하는 비용보다 더 많은 편익을 누리게 되고, 그대로 시장의 흐름에 맡겨 두면 결국 사람들이 함부로 써서 황폐해지기 마련입니다. 그렇기 때문에 공유 자원을 장기적으로 많은 이들이 사용할 수 있도록 보존하기 위해서는 정부가 적극적으로 개입할 필요가 있습니다. 현대 시장 경제에서 정부는 재정의 주체가 될 뿐 아니라, 시장을 보완하여 공유 자원을 효과적으로 관리하는 역할도 담당해야 하는 것이지요.

네 번째 수업

가 격 과   가 치

지금까지 가계와 기업, 정부의 경제 활동에 대해 알
아봤습니다. 그렇다면 우리는 과연 무엇을 생산하
고, 분배해서, 소비하는 것일까요? 재화와 서비스
의 종류에 대해서 알아보고, 경제 활동의 신호 역할
을 하는 가격과 가치에 대해 살펴봅시다.

수능과 유명 대학교의 논술 연계

2010년도 수능 (경제) 9번

2009년도 수능 (경제) 2번

사람들은 살아가면서 다양한 물건들을 쓰고, 또 다른 이들로부터 다양한 도움을 받습니다. 사람들이 쓰는 물건을 재화라고 합니다. 재화에는 눈에 보이는 것은 물론, 공기나 전기와 같이 눈에는 보이지 않지만 물질적 사용 가치를 지닌 것도 있고, 돈이나 주식처럼 그 자체의 물질적 사용 가치는 없지만 사회 제도 안에서 사용 가치를 인정받는 무형의 재산도 있습니다. 한편, 교육, 의료와 같이 남에게 도움을 주는 행위는 재화라고 부르지 않고 서비스라고 부릅니다.

재화에는 어떤 것들이 있나?

● 자유재와 경제재

재화 중에는 거의 무제한으로 공급이 이루어져서 사고팔 필요 없이 누구나 가질 수 있는 것이 있습니다. 반대로 원하는 이는 많은데 공급이 제한되어 있어서 사고팔거나 특정한 사람만 소유할 수 있는 것도 있지요.

예를 들자면 하늘의 맑고 청명함이나 해의 밝고 따뜻함은 우리에게 많은 효용을 주지만, 이것을 사람들이 자유롭게 사고팔 수는 없습니다. 경제학에서는 이렇게 거의 무한하게 존재해서 사고팔거나 혼자서 가질 수 없는 재화를 자유재(自由財, free goods)라고 부릅니다. 거기에 비해 사고파는 것이 가능하거나 이용에 제한이 있는 재화를 경제재(經濟財, economic goods)라고 부르지요. 우리가 의식주를 해결하기 위해 평소에 쓰는 거의 모든 재화는 경제재라고 할 수 있습니다.

그럼 사람들이 살아가는 데 없어서는 안 될 물이나 공기는 자유재일까요, 경제재일까요?

물은 아주 풍부하게 존재하지만 경우에 따라서는 공짜로 이용할 수 없는 경우도 있습니다. 강물은 그냥 떠서 마실 수 있지만 생수는 가게에서 돈을 주고 사야 합니다. 그렇기에 물은 절대적인 자유재라고 할 수 없습니다. 이처럼 물은 상황에 따라 경제재가 되기도 하고 자유재가 되기도 하기 때문에 상대적 자유재라고 부르지요.

그렇다면 공기는 어떤가요? 공기 역시 누구든지 어디서나 마음대로 마실 수 있을 만큼 무한히 존재하지만, 최근에는 대기 오염 때문에 맑은 공기를 마시려면 돈이 필요한 경우도 생겼습니다. 물과 마

자유재
인간의 욕망을 만족시키는 데 도움이 되는데도, 공기와 같이 거의 무한으로 존재하여 대가를 치르지 않고 자유로이 얻을 수 있는 재화입니다.

경제재
인간의 욕망을 만족시키는 데 도움이 되지만, 양이 한정되어 있기 때문에 그것을 얻기 위해서는 대가를 치러야 하는 재화입니다.

찬가지로 상대적 자유재가 된 것이지요.

그렇다면 또 이런 궁금증도 생길 거예요. 방송이나 인터넷은 자유재일까요, 경제재일까요?

라디오 방송은 듣는 사람이 따로 돈을 낼 필요가 없으니까 자유재라고 할 수 있습니다. 물론 라디오 자체는 돈을 내고 사야 하니까 경제재이지요. 수신료를 내지 않으면 볼 수 없는 케이블 TV 방송은 경제재에 해당됩니다. 인터넷의 경우 무료 사이트는 자유재가 되고, 유료 사이트는 경제재가 되겠지요.

그럼 사회 제도 안에서 사고팔 수 있는 무형의 재산이란 어떤 것이 있을까요?

무형의 재산이란 특허권, 저작권, 영업권과 같이 물질적 형태를 지니지는 않았지만, 사람들끼리 서로 사고팔 수 있는 재산을 말합니다. 무형의 재산은 인간관계, 즉 사람들이 만들어 낸 사회 제도 안에서 사고팔 수 있다는 의미에서 관계재라고 합니다.

돈이나 주식도 그 자체로는 물질적 사용 가치를 지니고 있지 않지만, 인간관계 안에서 물질적 재화와 언제든지 바꿀 수 있는 교환 가치를 지니기 때문에 관계재에 포함됩니다. 넓게 보면 관계재도 경제재의 일종입니다. 하지만 엄밀히 분류할 때는 물질적 재화와 구분해서 '준(準)경제재'라고 합니다.

> **관계재**
> 비물질적 재화로 일정한 사회 제도 하에서 언제든 물질적 재화와 바꿀 수 있는 재화입니다.

● 소비재와 자본재

소비재란 우리들이 일상생활에서 직접 소비하는 재화를 말합니다. 직접 소비하는 재화라는 의미에서 '직접재'라고도 하고, 소비하기 위해서 최종적으로 완성된 재화라는 의미에서 '완성재'라고도 합니다. 자본재란 생산 과정에서 소요되는 재화 중 인적 자원인 노동과 자연 자원인 토지를 제외한 모든 물적 자원을 말합니다.

즉 여러분이 제과점에서 빵을 사 먹었다면 그 빵은 소비재입니다. 그러나 햄버거 가게 주인이 햄버거를 만들기 위해 빵을 샀다면 그 빵은 자본재입니다. 햄버거 재료가 될 빵을 사는 것은 이미 공부한 바 있는 생산적 소비에 해당되기 때문입니다.

● 내구재와 비내구재

사용 기간에 따라 재화를 분류할 수도 있습니다. 일반적으로 1년 이상 사용할 수 있는 재화를 '내구재'라고 합니다. 1년 이내에서 사용하고 없어지는 재화는 '비내구재'라고 하지요. 비내구재 중에서도 특히 1회 사용으로 없어지는 재화는 '단용재'라고 합니다. '내구재'는 한번 구입하면 오랫동안 쓸 수 있기 때문에 불황이 되면 수요가 줄어듭니다.

그런데 '내구재'와 '비내구재'가 사용 기간만을 기준으로 구분되는 것은 아닙니다.

예를 들어 옷은 오랫동안 입을 수 있지만 '비내구재'에 해당된답니다. '내구재'나 '비내구재'는 소비재가 될 수도 있고, 자본재가 될 수도 있습니다.

책상과 의자는 '내구재'입니다. 그런데 부모님이 회사에서 사용하

내구재
비교적 오래 거듭하여 쓸 수 있는 재화입니다.

단용재
1회 사용으로 없어지는 재화입니다.

는 책상과 의자는 자본재이고, 집에서 여러분이 쓰는 책상과 의자는 소비재입니다. 비내구재도 마찬가지입니다. 부모님이 회사에서 쓰는 지우개는 자본재, 집에서 여러분이 쓰는 지우개는 소비재입니다.

● 대체재와 보완재, 독립재와 결합재

쓸모가 비슷한 두 재화가 있어서 한쪽이 없을 경우 다른 쪽을 소비해도 비슷한 만족을 얻을 수 있다면 이를 대체재라고 합니다. 이 두 재화 간에는 대체 관계가 있다고 합니다. 반면에 어떤 재화를 따로 소비할 때보다 함께 소비할 때 더 큰 만족을 얻게 되는 재화는 보완재라고 하지요. 이때 두 재화는 서로 보완 관계가 있다고 합니다.

대체 관계는 '이가 없으면 잇몸', '꿩 대신 닭'이라는 속담을, 보완 관계는 '바늘 가는 데 실 간다'는 속담을 연상하면 됩니다.

밥이 없을 때는 라면을 끓여 먹는 경우가 많습니다. 이때 밥과 라면은 서로 대체 관계에 있습니다. 그런데 라면을 끓여 먹었는데 양이 좀 부족하다 싶어서 남은 국물에 식은 밥을 말아 먹었다면 밥과 라면은 서로 대체 관계가 아니라 보완 관계에 있게 되지요.

이렇듯 대체 관계와 보완 관계는 상대적인 것으로 상황과 사용 용도에 따라 달라지는 개념입니다.

책과 설탕, 연탄과 잉크는 함께 소비할 때나 따로 소비할 때나 그 만족도에는 아무런 영향도 미치지 않습니다. 이처럼 사용하는 데 서로 영향을 미치지 않는 재화를 독립재라고 합니다. 반면 사이다 병과 병뚜껑, 안경과 안경알처럼 서로 밀접한 관계에 있어 떼어 놓으면 경제적 가치가 없어지는 재화도 있습니다. 이 경우는 결합재입니다.

데스크톱 컴퓨터와 노트북 컴퓨터는 서로 어떤 관계일까요? 일반적으로는 데스크톱 컴퓨터를 사용할 때 노트북을 따로 사용할 필요가 없지요. 그러니 두 재화는 함께 소비할 때의 만족도보다 따로 소비할 때의 만족도가 더 큰 대체재라고 할 수 있습니다.

컴퓨터 모니터와 눈을 보호해 주는 보안경의 경우는 어떨까요? 함께 소비할 때의 만족도가 더 커지기 때문에 보안경은 보완재입니다. 컴퓨터 본체와 모니터의 관계는 어떨까요? 모니터가 없다면 컴퓨터를 사용할 수 없겠지요? 이 두 재화는 서로 불가분의 관계에 있어 따로 따로는 아무런 효용이 없으니까 결합재입니다.

● 우등재와 열등재, 기펜재

소득이 증가할 때 수요가 함께 증가하는 재화를 우등재라고 합니다. 반면에 소득이 증가할 경우 오히려 수요가 감소하는 재화를 열등재라고 하지요. 정상적인 재화의 경우라면 소득이 늘어날 경우 수요도 함께 늘어납니다. 그래서 우등재는 정상재라고도 합니다.

가난한 시절에 보리밥을 먹던 사람이 소득 수준이 오르면서 쌀밥을 먹게 되었다면 쌀은 우등재, 보리는 열등재가 됩니다. 그러나 소득 수준이 더욱 오르면서 건강을 위해 다시 보리밥을 먹게 되어 쌀 소비가 줄었다면 이번

교과서에는

돼지고기의 가격이 내린 경우를 생각해 봅시다. 어떤 사람의 소득이 증가했을 때, 그는 가격이 내린 만큼 돼지고기를 더 소비하는 것이 아니라, 돼지고기 대신 쇠고기를 소비할 수 있지요. 이때 쇠고기를 우등재 또는 정상재라 하고, 돼지고기를 열등재라고 합니다.

에는 보리가 우등재, 쌀은 열등재가 되지요. 이처럼 우등재와 열등재는 상대적인 개념으로 재화의 품질이나 가격과는 관계없이 소득의 변화에 따른 수요의 변화로 구분되는 것입니다.

소득은 변하지 않은 상태에서, 가격이 내렸을 때 오히려 수요가 감소하는 재화도 있습니다. 이러한 재화를 '기펜재'라고 합니다.

일반적으로 마가린은 값이 싸고, 버터는 값이 비쌉니다. 사람들은 돈에 여유가 없을 때는 값싼 마가린을 사 먹다가, 돈에 여유가 생기면 상대적으로 비싼 버터를 사 먹습니다. 이때 버터는 우등재가 되고, 마가린은 열등재가 되는 것이지요. 다른 관점에서 보면 버터와 마가린은 서로가 대체재 역할도 합니다. 버터가 없으면 마가린을 먹게 되는 것이지요. 사람들은 취향에 따라 버터를 좋아하기도 하고 마가린을 좋아하기도 합니다. 그런 경우에 버터와 마가린은 독립재가 됩니다.

그런데 사람들의 소득에는 변함이 없는데도, 마가린 가격이 일정한 수준 아래로 내려가면 어떻게 될까요? 사람들은 그 마가린에 문제가 생긴 것이 아닌가 하는 의구심이 들어 사 먹기를 꺼리고, 오히려 값비싼 버터를 사게 됩니다. 이때의 마가린과 같이 가격이 하락하는데도 수요가 줄어드는 재화를 기펜재라고 합니다.

일반적으로 사람들은 재화의 가격이 내리면 더 많이 사려고 하고, 가격이 오르면 사지 않으려 합니다. 이것이 '수요의 법칙'입니다. 기펜재는 이러한 수요의 법칙을 벗어나는 예외적인 현상인 것이지요. 기펜재는 현실 생활에서 잘 나타나지 않는 재화입니다.

누군가를 위한 도움

우리가 세상을 살아가는 데 재화만 필요한 것은 아닙니다. 다른 이들의 도움도 필요하지요. 학교에서 수업 듣기, 인터넷에서 자료 찾기, 가게에서 물건 사기, 버스나 지하철 타기, 택배 등은 다른 이들의 도움이 없으면 이룰 수 없는 일들입니다.

이러한 도움 중에는 부모님이 우리를 키워 주시거나 친구가 무거운 가방을 함께 들어 주는 것처럼 대가를 지불할 필요가 없는 경우도 있지만, 대부분은 그 대가를 지불해야 합니다. 이렇게 그 값을 매겨 대가를 치러야 하는 다른 사람의 도움을 서비스 또는 용역이라 합니다.

서비스란 대가가 수반되는 다른 사람들의 도움을 말합니다. 그 중에서 의사의 진찰이나 경찰의 치안 행위처럼 생산과 동시에 소비되는 서비스를 직접 서비스라 하고, 어떤 재화와 결합되어야만 비로소 완전한 소비의 대상이 되는 서비스를 간접 서비스라 합니다.

예를 들어 화물 운송의 경우에는 화물차와 운송자의 운전이 결합되어야 하고, 창고 보관의 경우에는 창고와 보관자의 저장 행위가 결합되어야 합니다. 햄버거 가게에서 햄버거를 파는 일은 햄버거 재료와 조리사의 조리 행위, 판매원들의 판매 행위가 서로 결합된 결과입니다. 이런 것들을 간접 서비스라고 합니다.

경제 활동의 신호

가격이란 재화나 서비스의 가치를 돈의 액수로 표시한 것입니다. 돈으로 표시했다는 것의 의미는 사람들이 시장에서 재화나 서비스의 가치를 돈의 가치와 비교해서 서로 교환할 수 있도록 저울질해 놓았다는 의미입니다. 따라서 가격이란 경제적 교환이 이루어지는 신호 역할을 합니다.

좁은 뜻으로의 가격은 재화나 서비스 한 단위를 구입할 때 지불해야 하는 화폐의 수량을 의미하지만, 넓은 뜻으로는 재화나 서비스를 서로 교환할 때의 비율을 말합니다. 화폐 단위로 표시되는 가격은 절대 가격이라고 하고, 재화나 서비스를 서로 교환할 때의 비율은 상대 가격이라 합니다.

재화뿐만 아니라 노동이나 자본에도 가격이 존재합니다. 노동의 대가로 지불되는 임금과 자본의 대가로 지불되는 이자가 바로 각각의 가격입니다. 법률, 관습, 제도 등에 의해 소유하고 교환할 수 있는 모든 것에는 가격이 존재합니다.

그에 비해 가치란 재화나 서비스가 얼마나 쓸모 있는지, 또는 그러한 쓸모를 생각할 때 돈을 얼마나 지불할 의향이 있는지를 알아보는 신호입니다. 가치는 스스로의 생각과 욕구, 감정이나 의지에 따라 그 크기가 달라집니다. 주관적인 것이기 때문입니다. 따라서 어떤 재화나 서비스의 가치가 높다고 평가하는 사람은 비싼 가격이라도 사려고 하지만, 그 재화나 서비스의 가치가 낮다고 평가하는 사람은 싼 가격이라도 사지 않으려 들지요.

가치란 재화나 서비스를 사용함으로써 느낄 수 있는 효용, 즉 만족감의 정도에 따라 그 크기가 결정되는 것이기 때문에 사용 가치, 효용 가치라고도 합니다. 우리의 일상생활에서 필요와 욕구를 충족시킬 수 있는 모든 것은 가치를 지니고 있다고 할 수 있습니다.

우리가 어떤 것에 대해 가치 있다고 느끼는 이유는 그것으로부터 만족을 얻을 수 있기 때문입니다. 그 가치의 평가가 결과적으로 가격을 형성합니다. 그렇다고 해서 누군가가 가격을 강제로 올린다고 가치가 높아지는 것은 아닙니다. 가격이란 어떤 사물을 살 것인지 말 것인지 판단하는 신호의 역할만 하기 때문입니다.

어느 집에 할머니 한 분이 혼자서 외롭게 살고 있었는데, 그 집 부엌에는 잡곡을 보관하는 백자 항아리 하나가 있었습니다. 어느 날 미술 평론가 한 사람이 그 집에 들렀다가 백자 항아리를 발견했습니다. 그는 그 항아리가 1,000만 원 이상의 가치를 지닌 골동품이라는 것을 알아챘지요. 1,000만 원이라는 가격은 그 백자 항아리가 지닌 골동품으로서의 효용을 알고 있는 사람들이 느끼는 가치를 시세로 환산한 것입니다. 그러나 그 할머니에게 백자 항아리는 잡곡 담는 그릇 이상으로는 효용이 없는 것이었지요.

이렇듯 개인이 느끼는 효용에 따라 재화나 서비스의 가치가 달라지고, 그 가치에 따라 가격이 매겨지는 것입니다.

  우리 주변에는 사고 싶은 것들이 아주 많습니다. 예쁜 필기구, 필통, 장난감, 김밥, 떡볶이, 아이스크림 등 갖고 싶은 것, 먹고 싶은 것이 넘칩니다. 사려는 사람들은 이런 것들을 싼 가격에 사고 싶어 하지만, 만들어 팔려는 사람들은 기왕이면 비싼 가격에 팔고 싶어 합니다. 돈을 벌고 싶기 때문입니다. 이렇게 사려는 사람과 팔려는 사람이 서로 다른 가격을 원하기 때문에 누군가는 그 가격을 조정해야 합니다.

가격을 누가 조정하느냐는 경제 체제에 따라 달라집니다. 대표적인 경제 체제로는 계획 경제와 시장 경제가 있습니다. 계획 경제에서는 국가가 가격을 매깁니다. 사는 사람과 만들어 파는 사람의 의사는 반영되지 않지요. 거기에 비해 시장 경제에서는 재화나 서비스를 사려는 사람들과 만들어 팔려는 사람들의 흥정에 의해 가격이 결정되지요.

시장 경제에서 재화나 서비스의 가격은 수요와 공급의 균형에 의해 결정됩니다. 사려는 사람에 비해 만들어 팔려는 재화나 서비스가 부족하면 더 높은 가격을 주고서라도 그 재화나 서비스를 사려는 사람이 생깁니다. 이 경우 가격은 올라가지요. 반면에 만들어 팔려는 재화나 서비스는 넘치는데 사려는 사람이 부족하면 파는 사람은 가격을 내려서 하나라도 더 팔려고 합니다. 그렇게 되면 가격이 내려갑니다. 이와 같이 수요량과 공급량의 변화에 따라 가격이 오르내리는 것을 가격의 조정이라고 합니다. 애덤 스미스는 시장이라는 '보이지 않는 손'이 가격을 조정하는 것이라고 설명했지요.

떡볶이를 예로 들어 볼까요? 학교 근처에 있는 떡볶이 가게는 매일 손님이 넘쳐납니다. 기다리다 떡볶이가 다 팔려서 사지 못하고 그냥 돌아가는 사람도 있지요. 그렇게 되면 가게 주인이 가격을 조금 올리더라도 떡볶이는 잘 팔립니다. 떡볶이가 인기가 있기 때문이지요.

다니는 사람이 별로 없는 골목길 안쪽에도 떡볶이 가게가 있습니다. 손님이 없어서 매일 울상입니다. 팔다 남은 떡볶이가 가득 쌓여 있습니다. 가게 주인은 가격을 내려서라도 떡볶이를 더 팔려고 하겠지요? 당연히 떡볶이 가격은 내려갑니다.

가격이 오르면 수요량이 줄어들고, 반대로 가격이 내리면 수요량이 늘어나는 관계를 수요의 법칙이라고 합니다. 이와는 달리 가격이 오르면 공급량이 늘어나고 가격이 내리면 공급량이 줄어드는 관계는 공급의 법칙이라고 합니다.

수요량과 공급량이 서로 일치하게 되면 가격은 더 이상 오르내리지 않게 됩니다. 균형 가격에 도달하게 되는 것이지요. 이 균형 가격에서는 소비자들도 바라는 만큼 살 수 있고, 공급자들도 바라는 만큼 팔 수 있게 되므로 사는 사람과 파는 사람 모두가 만족하게 됩니다.

가격은 수요량과 공급량의 변화에만 영향을 받지 않고, 여러 가지 요인에 의해 영향을 받습니다. 수요량과 공급량 이외에도 소득 수준과 생산 원가 등이 영향을 미칩니다.

떡볶이를 다시 예로 들어 볼까요? 우선 여러분의 주머니가 넉넉해지면 어떻게 될까요? 떡볶이 가격이 올라가더라도 사 먹으려는 친구들이 늘어날 것입니다. 돈에 여유가 생겼기 때문입니다.

용돈이 줄어들면요? 이것저것 돈 쓸 데가 많아 떡볶이를 사 먹을 돈이 부족해집니다. 떡볶이 가격을 내려야만 사 먹겠지요.

그럼 이번에는 떡볶이 재룻값이 오르면 어떻게 될까요? 떡볶이 가게 주인은 재룻값이 올라간 만큼 떡볶이 값을 올릴 것입니다. 떡볶이를 팔아서 이윤을 남겨야 하기 때문입니다.

재룟값이 내려가면요? 가격을 내려도 장사가 되기 때문에 하나라도 더 많이 팔려고 가격을 내릴 것입니다.

또한 동일한 상품인데도 가게에 따라 파는 가격이 달라지는 경우도 있는데, 수요자 입장에서 달리 대체할 만한 상품이 있느냐, 공급자 입장에서 다른 공급자가 얼마나 존재하느냐에 따라 같은 상품이라도 가격이 달라질 수 있습니다.

일반적으로 700원에 팔리는 아이스크림의 경우 동네 슈퍼에서는 50% 할인을 하여 350원에 팔기도 합니다. 그렇지만 근처에 가게가 없는 여름의 해수욕장이나 야구장에서는 같은 아이스크림이 1,000원에도 팔립니다. 동네에서와는 달리 싸게 파는 가게가 없기도 하려니와, 특별한 만족을 주기 때문에 가격이 비싸더라도 아이스크림을 사 먹게 됩니다.

이처럼 판매되는 장소나 업체에 따라 판매 가격에 큰 차이가 나는 경우를 우리는 주변에서 쉽게 발견할 수 있습니다.

해수욕장에서 아이스크림 가격을 더 받는 것은 마땅히 아이스크림을 대체할 만한 상품을 찾기 어렵기 때문입니다. 동네에서는 아이스크림이 비싸면 다른 가게를 가거나, 아니면 달리 만족을 주는 상품, 예를 들어 청량음료를 사먹으면 되지만 해수욕장에서는 그렇게 마음대로 할 수가 없습니다. 대체할 상품이 없는데도 아이스크림이 먹고 싶다면 비싼 가격에라도 아이스크림을 사먹게 됩니다. 이 경우 아이스크림을 파는 사람도 비싼 값을 받아 이득을 보게 되지만, 아

이스크림을 사먹은 사람도 뜨거운 해변에서의 차가운 아이스크림
이라는 특별한 만족을 누리게 되므로 경제적으로 이득입니다.

　같은 가게에서 동일한 상품을 소비자에 따라 다른 가격으로 파는
경우도 있는데, 이는 가격 차별이라고 합니다. 가격 차별을 하는 이

가격 차별
생산비가 똑같이 드는 같은 상품
을 더 많이 팔기 위해 소비자에
따라 가격을 다르게 정하는 경우
를 가격 차별이라고 합니다.

유는 이윤을 더 많이 남기기 위해서입니다. 영화 관람료의 경우 조조 시간대는 5,000원인 반면 주말 시간대는 9,000원으로 두 배 가까이 차이가 납니다. 일찍 일어나서 영화관에 가면 반값으로 영화를 볼 수 있는 것입니다. 영화관 운영 비용은 조조나 주말이 다르지 않은데도 이처럼 가격에 차이가 나는 것은 영화를 보려는 사람들이 느끼는 돈의 가치가 다르기 때문입니다. 가격에 민감한 학생이나 소득이 적은 사람은 시간대가 다소 불편하더라도 낮은 가격에 영화를 보고 싶어 하지요. 가격에 둔감하고 바쁜 직장인이나 고소득자는 높은 가격을 책정하더라도 편한 시간대에 영화를 보려고 합니다.

재미있는 영화가 나왔습니다. 학교에 가지 않는 날 아침 일찍 일어나서 조조할인으로 영화를 봅니다. 영화는 매우 재미있지만 돈이 조금 아깝습니다. 기다렸다가 대여점에서 DVD를 빌려서 볼 걸 그랬나 후회도 됩니다. 그런데 아빠도 토요일 오후에 엄마와 함께 영화를 보고 오셨습니다. 똑같은 영화를 두 배나 높은 가격에 보시고도 기분이 좋았다고 말하십니다. 아빠는 돈이 아깝지 않았을까요?

여러분이 조조할인으로 영화를 보고도 돈이 아깝다고 느끼는 반면 아빠는 주말 가격으로 두 배나 높은 가격을 지불하고도 돈이 아깝지 않다고 생각합니다. 서로 돈의 가치를 다르게 느끼기 때문입니다.

영화관에서는 이런 소비자의 태도를 반영해서 가격에 차이를 두는 것입니다. 관객이 많지 않은 아침 시간

가격 탄력성
소비자가 가격에 민감하게 반응
하는 경우를 '수요의 가격 탄력
성이 높다'고 하고, 소비자가 가
격에 둔감한 경우를 '수요의 가
격 탄력성이 낮다'고 합니다.

대에는 가격을 낮추어서 가격에 민감한 소비자를 유도하고, 관객이 넘치는 주말 시간대에는 가격을 높여서 가격에 둔감하고 바쁜 소비자를 유도하려는 것입니다.

이러한 가격 차별의 사례는 놀이 공원이나 체육 시설, 뷔페 음식점, 수영장 등에서 어린이와 어른의 요금을 달리 받는 것, 군인이나 경찰에 대한 요금 할인, 대형 마트에서 저녁 시간대에 식품 가격을 할인하는 것 등 생활 속에서 다양하게 찾아볼 수 있습니다. 또한 같은 상품을 조금이라도 더 많이 수출하기 위해 국내에서는 비싸게, 해외에서는 싸게 파는 경우도 있습니다.

국내 가격보다 해외 가격을 지나치게 싸게 매기면 수출품을 수입해서 쓰는 국가가 자국의 기업들과 공정한 경쟁이 이루어지지 않는다고 반발을 하기 쉽습니다. 이를 덤핑(Dumping)이라고 합니다. 경우에 따라서는 엄청난 벌금을 내기도 하지요.

같은 상품을 두고 제도적으로 거래자나 장소에 따라 가격을 다르게 매기는 경우도 있습니다. 이를 '이중 가격제'라고 합니다. 물가를 조절하거나 공익 사업을 효율적으로 집행하기 위해서지요. 전기 요금은 이중 가격제의 대표적인 예입니다. 가정보다는 산업체, 도시보다는 농촌, 그리고 비장애인보다는 장애인이 쓰는 전기 요금이 훨씬 싸답니다.

스미스의 역설

　어떤 상품의 사용 가치란 그 상품을 소비함으로써 얻을 수 있는 만족도의 합계, 즉 '총편익'을 의미합니다. 또한 교환 가치는 그 상품을 다른 상품과 교환하고자 할 때 지불할 용의가 있는 시장 가격, 즉 '한계 편익'을 말하는 것입니다.

　물과 다이아몬드를 비교해서 설명해 볼까요? 물은 마시지 못하면 사람이 죽을 수도 있을 상당히 높은 사용 가치를 지니고 있지만 가격은 상대적으로 매우 저렴합니다. 교환 가치가 낮은 것이지요. 반면에 다이아몬드의 사용 가치는 물보다 높다고 할 수 없지만 가격, 즉 교환 가치는 매우 높습니다. 희소성 때문이지요. 희소성이 낮은 상품은 사용 가치가 높더라도 시장 가격이 낮게 나타나고, 반대로 희소성이 높은 상품은 사용 가치가 설사 낮더라도 시장 가격이 높게 나타납니다.

　이렇듯 사용 가치와 교환 가치의 크기가 일치하지 않는 경우를 지적한 사람이 경제학의 아버지라고 불리는 애덤 스미스입니다. 그래서 이를 '스미스의 역설' 또는 '물과 다이아몬드의 역설' 이라고 하지요.

　일반적으로 물의 교환 가치는 다이아몬드의 그것과는 비교할 수 없을 정도로 낮지만, 사막 한가운데에서라면 상황이 달라질 수 있습니다. 물 한 모금이 몇 캐럿 크기의 다이아몬드보다 더 큰 교환 가치를 지닐 수도 있습니다.

반복되는 가격 거품

● 가격 거품의 역사

가격 거품이란 그 상품의 일반적인 가치를 고려할 때 수요자와 공급자가 납득할 수 있는 적정한 가격에서 거래가 이루어지지 않고 가격이 거품처럼 높이 부풀려진 상태에서 거래가 이루어지는 경우를 말합니다. 영어로는 버블(Bubble)이라고 하지요.

사람들은 탐욕에 눈이 멀어 합리적인 선택을 하지 못하는 경우가 많습니다. 정당한 경제 활동의 대가로 자기 몫을 분배받으려 하지 않고, 가격이 비정상적으로 변동하는 것을 노려 한 번에 큰돈을 벌려는 것이지요. 이러한 행위를 두고 투기라고 합니다. 하지만 투기로 인한 가격 거품은 결국 붕괴되기 마련이지요. 일확천금을 노렸던 사람뿐만 아니라 정당하게 분배 과정에 참여했던 주변 사람들까지도 큰 피해를 보게 됩니다.

역사적으로 가격 거품은 되풀이 되었습니다. 가격 거품에 관한 최초의 기록은 기원전 2세기 로마 시대에 나타납니다. 당시 로마법은 자유로운 자산의 이동을 보장하고 있었기 때문에 고리대금이나 외환 거래가 가능했다고 합니다. 시장이 발달하면서 투기 열풍이 불었고, 조세 징수와 신전 건립 등을 담당했던 '퍼블리카니(Publicani)'라는 법인체의 주식인 '파르테스(Partes)'의 가격이 거품에 휩싸이게 됐지요. 그러나 결국 거품은 붕괴되었고, 이 때문에 많은 사람들이 빈털터리가 되어 비참한 생활을 겪게 되었다고 합니다.

● 네덜란드의 튤립 투기(1634~1638)

네덜란드의 튤립 투기는 역사상 가장 잘 알려져 있는 가격 거품 사건입니다. 네덜란드 사회는 대단히 개방적이었고, 돈만 있으면 누구든지 높은 신분으로 상승할 수 있었습니다. 페르시아 사람들이 집 안팎에서 가꾸던 튤립은 16세기 중반에 유럽에 전파되었는데, 네덜란드 사람들은 이 튤립을 고귀한 신분을 상징하는 것으로 여겼습니다.

한때 튤립 뿌리는 같은 무게의 황금보다도 훨씬 비싼 가격에 거래되었고, 특히 바이러스에 감염되어 독특한 컬러를 지닌 희귀 품종의 튤립은 더욱 높은 가격에 거래되었습니다. 결국 한 달 만에 튤립 가격이 최고 5천 배나 상승하는 비정상적인 시장이 형성되었지요. 당시 기록을 보면, '황제 튤립' 한 뿌리면 네덜란드의 수도 암스테르담에 있는 대저택을 살 수 있었다고 합니다. 또한 사람들은 황소 1천 마리를 팔아 튤립 뿌리 40개를 사면서도 좋아했다고 합니다. 튤립 투기는 1637년 들어 최고조에 이르렀습니다. 그러나 더 이상 튤립을 살 사람이 없다는 소문이 퍼지면서 튤립을 가진 사람들은 헐값에라도 튤립을 팔고자 했고, 튤립의 가격은 순식간에 백분의 일 이하로 폭락했지요. 튤립 투기가 사라지면서 네덜란드 경제는 심각한 공황에 빠지게 되었고, 세계 최고 경제 대국으로서의 주도권마저 영국에 빼앗기고 말았답니다.

● 미국의 부동산 가격 거품(서브프라임 모기지론 사태) (2003~2008)

1990년대 중반의 미국은 경기를 활성화하기 위해 저금리 정책을 유지하고 있었습니다. 당시 은행에 돈을 맡겨봤자 큰 이익을 보기 어렵다고 판단한 투자자들은 부동산에 눈을 돌렸지요. 이로 인해 부동산 가격은 급격히 상승했고, 사람들은 낮은 금리로 대출을 받아 부동산에 투자했습니다.

돈 있는 사람들이 자기 돈으로 집을 사서 돈을 벌고, 은행에서 돈을 빌릴 수 있는 사람들도 집을 사서 많은 돈을 벌게 되자, 정부는 신용도가 낮은 저소득 계층도 은행에서 돈을 쉽게 빌려 집을 살 수 있는 대출 수단을 만들었습니다. 이것이 바로 비우량 주택 담보 대출(Subprime mortgage loan)이에요. 금융 당국의 규제가 느슨했던 탓에 미국의 금융 회사들은 이러한 비우량 채권을 우량 채권과 섞어 여러 배로 불리는 등 다양한 금융 상품으로 바꾸어 전 세계의 금융 회사에 팔고 또 그 돈으로 부동산에 투자했습니다. 이로 인해 집값이 상승하게 되었고 건설업자들은 주택 공급을 과도하게 늘렸습니다. 사람들은 금리가 낮은 상황에서 집값이 계속 오르는 것을 보고, 내 집 마련이 아닌 투기의 목적으로 은행에서 돈을 빌려 집을 사기 시작했지요. 그 결과 미국의 주택 시장에 거품이 발생했습니다. 금리가 오르자 대출 이자와 원금 상환에 부담을 느낀 사람들은 서둘러 집을 팔기 시작했습니다. 팔기 위해 내놓은 집이 늘어나자 집값이 폭락해 사람들에게 빌려 준 돈보다 집값이 더 떨어지자 은행들은 큰 손실을 떠안게 되었습니다. 미국의 5대 은행 중 3곳이 파산하거나 다른 은행에 합병되는 등 금융 위기를 겪게 된 것입니다.

이러한 미국의 금융 위기는 전 세계에 영향을 끼쳤고, 그 결과 전 세계가 금융 위기를 겪게 되었습니다. 우리나라 역시 큰 피해를 입었지요. 그러나 정부의 신속한 대응과 1997년도에 겪은 외환 위기를 극복했던 경험이 큰 힘을 발휘해서, 다행히 세계에서 가장 먼저 위기를 탈출하는 나라가 되었답니다.

말도 안 되는 소리 튜브 하나에 1억이라니?!

어허~ 이 양반이!

시장 경제에서 재화나 서비스는 사려는 사람과 팔려는 사람의 흥정에 의해 가격이 결정된다는 사실을 모르는군!

이제 튜브 값은 2억! 왜냐하면 수요량과 공급량의 변화에 따라 가격은 오르 내리는 법! 으하하하.

하지만 당신이 퀴즈를 맞추면 다시 1억에 주겠소!

좋… 좋소.

공기같이 무한으로 공급이 이루어지고 대가를 치르지 않고 자유로이 얻을 수 있는 재화를 뭐라고 하지요?

자유재

엇? 제법인데. 좀 더 어려운 문제를 내겠소.

수량이 제한 되어 있기 때문에 대가를 치러야 하는 재화는?

경제재!

특허권, 저작권, 영업권 같은 무형의 사람들의 제도 안에서 사고팔 수 있는 이것은?

관계재!

일상생활에서 직접 소비하는 재화는?

소비재

비교적 오랫동안 사용할 수 있는 재화는?

내구재

소득이 늘면 수요량이 줄어드는 열등재 중에서 가격이 일정 수준 아래로 내려갈 때 수요량이 줄어들어 수요의 법칙이 적용 되지 않는 재화는?

기펜재!

저희가 구해 드리겠습니다.

야호! 구조헬기다. 만세!!

이, 이런.

"공급은 스스로 수요를 창출해요"

'같은 값이면 다홍치마'라는 속담이 있습니다. 기왕이면 좀 더 가치 있는 것을 선택하는 것이 좋다는 말입니다. 산업 혁명 초창기의 경제학자인 세이도 같은 생각을 했습니다. 자기 스스로에게 쓸모 있는 것이야말로 가치 있는 것이라는 점에 착안하여 생산, 분배, 소비가 일어나는 원리를 밝힌 것입니다.

우리는 아침에 일어나서 잠자리에 들 때까지 끊임없이 무엇인가 선택을 하며 살아갑니다. 그런데 무엇인가 선택을 한다는 것은 그것을 선택하는 순간 비교 대상에 올랐던 다른 것을 모두 포기해야 한다는 것을 의미합니다. 5분만 더 잘 것인가 바로 일어날 것인가, 일어나자마자 이부자리를 갤 것인가 세수하고 나서 갤 것인가, 등교 시간이 빠듯한데 아침을 먹고 지각을 할 것인가 아침을 포기하고 지각을 하지 않을 것인가, 버스를 탈 것인가 전철을 탈 것인가 쉴 새 없이 선택을 해야 합니다.

더 가치 있는 것을 선택할 때 우리는 더 큰 만족을 누리며 살 수 있습니다. 그런데 문제는 그 많은 선택 중에서 어느 한 가지라도 실수를 하게 되면 다른 많은 선택도 영향을 받게 된다는 것입니다. 살다보면 우리 자신에게 더 쓸모 있는 것인데도 제대로 된 판단을 하지 못하여 엉뚱한 것을 선택하는 경우가 있습니다. 순간의 선택이 평생을 좌우하는 일도 부지기수입니다.

세이는 산업 혁명 초기의 급속한 변화 과정에서 이렇게 개인과 사회가 어떤 경제적 선택을 하는 것이 유익할 것인지에 관한 해답을 얻는 과정에서 근대 경제학을 발전시켰습니다.

경제학이란 산업 혁명으로 경제 환경이 급변하는 상황에서 사람들은 과연 무엇으로 만족하며 사느냐 하는 데 대한 해답을 구하는 과정에서 태동된 사회 과학입니다. 따라서 초기에는 신학자나 철학자가 신학 또는 철학적 차원에서 경제 문제의 해결 방안을 모색했고, 수학자나 물리학자가 귀납적 접근으로 경제의 흐름을 해석하려 들기도 했습니다. 그러나 세이는 드물게도 기업가 출신의 경제학자입니다.

사회적 변혁기라는 시대적 상황으로 기업 활동에 어려움을 겪으면서 시민 사회와 자본주의 발전의 필요성을 체험적으로 정리하여 생산, 분배, 소비 등의 기본적 경제 문제를 어떻게 해결할 것인지에 관한 기본 이론을 정립하게 된 것입니다. 따라서 세이의 경제 이론은 현실적이며, 기업의 중요성을 강조합니다.

애덤 스미스 등 당대의 인본주의 경제학자들이 노동의 중요성을 강조하고 생산의 가치가 노동력으로부터 비롯되는 것으로 파악하여 노동 가치론을 주장한 데 비해, 세이는 생산 가치란 생산된 물건의 쓰임새로부터 나오는 것으로 인식하여 효용 가치론을 주창하였습니다. 효용 가치론에 의하면 떡볶이의 가치는 떡볶이를 만든 사람의 품삯, 즉 인건비로 결정되는 것이 아니라 떡볶이가 얼마나 맛이 있느냐, 떡볶이를 먹은 사람이 얼마나 만족할 것이냐로 결정된다는 것입니다. 따라서 분배에 있어서도 생산된 물건의 쓰임새, 즉 효용을 만들어 내는 데 들어간 노동력과 자연환경, 자본 등 세 가지 요소의 대가가 고르게 인정되어야 한다고 생각하여 생산의 3요소설을 제시하였습니다. 이 효용 가치론과 생산의 3요소설을 중심으로 근대 경제학은 비약적 발전을 이루게 됩니다.

세이는 그의 저서 『정치 경제학 개론』에서 "어떤 사물의 가치란 그 사물을 생산하기 위해 투입되는 인간의 힘인 노동만이 아니라, 자연의 힘인 토지와 축적된 생산물인 자본이 고루 작용하여 창출된 그 사물의 쓸모, 즉 효용으로 말미암는다. 노동, 토지, 자본이 어우러져 효용을 창출하는 것이므로 그 세 요소의 중요성은 본질적으로 차이가 없다. 세 요소 중 어느 한 가지라도 빠지게 되면 효용은 창출되지 않는다. 따라서 노동자나 자본가, 지주가 생산의 대가로 가져가는 임금, 이윤, 이자나 지대는 모두가 정당하고 동등한 노력의 대가라고 할 수 있다.

특히 자본이란 사람들이 소비 능력의 사용을 절제하여 이미 생산된 결과를 절약한 결과이다. 사람들이 소비할 수 있는 것을 모두 다

소비했다면 생산된 것은 모두 다 소멸되었을 것이고, 어느 누구도 축적된 생산물로 형성된 자본을 지닐 수 없었을 것이다. 이렇듯 자본이란 절제와 절약의 산물이므로, 그 대가를 요구하는 것은 정당하고 신성한 것이다."라고 말하며 생산의 3요소, 특히 자본의 중요성을 강조하고 있습니다.

　최근 들어 경제 교육에 관한 관심이 늘고 있습니다. 사람들이 생활 속에서 부딪치는 다양한 문제를 합리적으로 생각하고, 후회하지 않는 선택 방법을 습관화하여 행복한 인생을 살아가게 만들어 주자는 것입니다. 경제가 발전하고 경제 환경이 복잡해질수록 경제의 작동원리를 아는 것이 행복한 삶의 원천이 되기에 그렇습니다. 무엇보다도 먹고사는 문제에서 자유로워야 하기 때문입니다. 사랑, 명예, 학문, 예술, 건강도 중요하지만 그에 앞서 먹고 사는 문제가 해결되지 않으면 모든 것은 그림의 떡이 될 뿐입니다.

　교과서가 바뀌고 있습니다. 다양한 사례로 기초 이론을 설명하려 시도하고 있고, 선생님들도 멀티미디어나 게임 등 다양한 방법으로 경제를 가르치려 노력하고 있습니다. 그러나 경제는 여전히 어렵기만 합니다. 배운 내용을 생활에 적용하기란 더더욱 어려운 일입니다.

　그렇기에 경제학이 아직 완성되기 전에 경제가 어떤 모습으로 흘러가는 것인지에 관한 이론적 토대를 구축했던 초기 경제학자 세이의 시각, 즉 가치 이론과 생산, 분배 이론으로 우리가 겪고 있는 기초적 문제를 들여다보는 것은 어렵게만 여겨지는 경제를 쉽게 이해하는 데 좋은 도구가 된다고 생각합니다.

　세이가 왜 효용의 중요성을 강조하고 토지나 노동력 못지않게 자본을 중요한 생산 요소라고 강조했는지 되새기면서 우리들이 현실 속에 부딪치고 있는 다양한 경제 문제, 공부를 할 것이냐 놀 것이냐, 용돈을 어디에 쓸 것이냐 하는 고민도 해결하고, 새롭게 변화하는 경제 환경을 헤쳐 나가는 도전 정신도 깨우치게 되기를 바라는 마음 간절합니다.

2006년도 수능 12번

다음 글에서 밑줄 친 부분에 해당하는 내용을 〈보기〉에서 모두 고른 것은? [2점]

> 미국의 경제학자인 ○○교수는 동아시아의 경제 기적은 오래가지 못할 것이라고 주장하였다. 그 이유로 동아시아 지역 신흥 공업국의 고도 성장은 생산성의 증가에 기인한 것이라기보다는 주로 <u>노동과 자본의 투입 증대</u>에 기인하였다는 점을 들었다.

〈보기〉

> ㄱ. 자동차 공장 증설   ㄴ. 기업의 경영 혁신
> ㄷ. 여성 취업자의 증가   ㄹ. 공무원의 부정 부패 감소

① ㄱ, ㄴ　　　　　② ㄱ, ㄷ　　　　　③ ㄴ, ㄷ

④ ㄴ, ㄹ　　　　　⑤ ㄷ, ㄹ

다음 (가)~(다)와 관련하여 진술한 내용으로 적절하지 <u>않은</u> 것은? [2점]

> (가) 물은 생존을 위해 반드시 필요한 재화로 다이아몬드
> 보다 유용성이 더 크다. 하지만 물의 가격은 다이아몬드 가
> 격보다 훨씬 더 낮다.
> (나) 태평양의 어느 섬에서는 망고보다 바나나가 더 많이
> 생산된다. 하지만 바나나가 망고보다 훨씬 높은 가격에 거
> 래된다.
> (다) 무명 화가의 습작들은 공짜로 주어도 가져가는 사람
> 이 거의 없다. 하지만 그 화가가 훗날 명성을 얻게 되면 사
> 람들은 무명 시절에 그린 습작이라도 비싼 돈을 주고서 구
> 입한다.

① (가)에서 다이아몬드 가격이 더 비싼 이유는 물보다 희소성이
  크기 때문이다.

② (나)에서 바나나는 망고보다 희소성이 더 큰 재화이다.

③ (다)는 희소성에 따라 자유재가 경제재로 변화하는 것을 보여 주는
  예이다.

④ (나)와 (다)는 가격이 희소성에 의해 결정되지는 않음을 보여 준다.

⑤ (가)~(다)에서 희소성은 재화의 존재량과 욕구와의 관계에서
  상대적으로 결정된다.

〈2006년도 수능 12번〉 답 ②

경제 성장은 양적 증대와 질적 측면의 변화로 나누어 볼 수 있는데, 노동이나 자본과 같은 생산 요소의 투입은 양적 증대를 의미합니다. 최근에 노벨 경제학상을 수상한 폴 크루그먼은 이러한 양적 증대는 한계를 지니고 있기 때문에 질적 전환을 이루지 못할 경우 경제 성장은 정체를 보일 것이라고 지적하였답니다. 보기에서 ㄱ은 자본, ㄷ은 노동 투입의 증대를 의미하며 ㄴ과 ㄹ은 생산에서의 질적 전환을 의미한다고 볼 수 있습니다.

〈2009년도 수능 2번〉 답 ④

가격은 희소성에 의해 결정되며 희소성은 상대적인 개념이라는 것을 먼저 알아야 합니다. 희소하다는 것은 단순히 존재량이 적다는 것이 아니라 공급에 비해 수요가 더 많다는 것을 의미하지요. 따라서 (가)에서 물보다 다이아몬드가 희소성이 크기 때문에 교환가치가 더 큰 것입니다. 사용가치에 따라서 가격이 결정되는 것이 아님을 보여 주는 사례이지요. 이를 가치의 역설이라고도 한답니다. (나)에서도 바나나의 양이 많지만 공급에 비해 수요가 더 많기 때문에 희소성이 크게 나타났다고 볼 수 있지요. (다)에서 사람들이 외면하는 무명 화가의 그림은 언제나 얻을 수 있는 자유재였지만, 훗날 사람들이 그 그림을 찾게 되면서 수요가 커지고 경제재가 된 것을 보여 줍니다. 이렇게 문제에서 제시된 모든 사례는 가격이 희소성에 의해 결정되고 있음을 보여 주고 있습니다.

경제학자가 들려주는 경제 이야기 02

세이가 생산·분배·소비 이야기

ⓒ 천규승, 2011

초판 1쇄 발행일 2011년 5월 16일
초판 3쇄 발행일 2020년 11월 3일

지은이   천규승
그린이   박용석
펴낸이   정은영

펴낸곳   (주)자음과모음
출판등록 2001년 11월 28일 제2001-000259호
주소   04047 서울시 마포구 양화로6길 49
전화   편집부 02) 324-2347 경영지원부 02) 325-6047
팩스   편집부 02) 324-2348 경영지원부 02) 2648-1311
이메일   jamoteen@jamobook.com

ISBN   978-89-544-2552-0 (44300)

과학공화국 법정시리즈 (전 50권)

생활 속에서 배우는 기상천외한 수학 · 과학 교과서!
수학과 과학을 법정에 세워 '원리'를 밝혀낸다!

이 책은 과학공화국에서 일어나는 사건들과 사건을 다루는 법정 공판을 통해 청소년들에게 과학의 재미에 흠뻑 빠져들게 할 수 있는 기회를 제공한다. 우리 생활 속에서 일어날 만한 우스꽝스럽고도 호기심을 자극하는 사건들을 통하여 청소년들이 자연스럽게 과학의 원리를 깨달으면서 동시에 학습에 대한 흥미를 가질 수 있도록 구성하였다.